Group Discussion

大学生からの
グループ・ディスカッション
入門
ワークシート課題付

中野美香 著 Nakano Mika

ナカニシヤ出版

まえがき

　情報通信技術の発展により，私たちの生活ではインターネットを介したコミュニケーションが日常のものとなりました。このようなツールのおかげで遠方の人とも時間やお金を気にせず気軽にコミュニケーションをとることができます。対面でも非対面でもさまざまなコミュニケーションがある中で大きな違いは「他者が実際に目の前にいるか」どうかです。目の前に相手がいれば怒ったり笑ったりその人の反応を言語・非言語メッセージを通じて情報を得ることができます。一方，相手が目の前にいない場合は情報が限られるため，「自分が想像する他者」の範囲を超えません。他者のことを予測することは非常に難しいため，大学生のうちに対面でのコミュニケーションをしっかり学び，他者の多様性を知るための場数を踏む必要があります。

　本書は，はじめてディスカッションを学ぶ大学生を対象に，ディスカッションのスキルを教養の一つと捉えてその基本をまとめたものです。ディスカッションは「人と人とのコミュニケーションそのもの」といっても過言ではありません。言葉だけでなく，場の雰囲気や自分への意識など，相手としっかり話し合うためにはいくつかのコツや技術があり，これらは機械には難しい人間らしい営みといえます。近年，大学生にとってディスカッションはアクティブ・ラーニングの講義や卒業研究はもちろん，就職活動でも必要不可欠になりました。場面が変わっても，どのような形態のディスカッションにも対応できるスキルを身につけることが重要です。グループ・ディスカッションのスキルを高めるためには方法に関する知識を増やし，実際に実践して反省を繰り返し，上手な人のまねをするのが一番の近道です。そこで，グループ・ディスカッションをする前に知っておくと役に立つ内容を一つのテキストにまとめました。大学生が社会人になっても役に立つディスカッションの基本となる内容を扱っています。

　ディスカッションには複合的なプロセスが含まれます。そのため「ディスカッションが何であるか」について知ると同時に，実際にそれが「できる」ことが求められます。学んだことをすぐに実践して，自分は何ができて何ができないのかを確かめましょう。ただ話すだけでなく，内容に焦点を当てて論理的に話を進める力はもちろんのこと，初めて会った人とどう打ち解けるかもディスカッションのよしあしを決定する重要な要素です。広くアンテナを張って社会の動きに興味関心を広げて，考えや思いを表現するための語彙表現を磨いていきましょう。グループでおこなうディスカッションの醍醐味は他者との関わり合いの中で自分の考え方やふるまいを知ることができる点にあります。自分がどのような人間であるかは異なる他者によって明らかになります。つまり，グループ・ディスカッションというコミュニケーションについて学ぶことは，技術を学ぶことだけでなく，他者を知り，自分を知ることと同義と考えられるのです。そこで，大学4年間をかけて，ディスカッションの学習の過程で社会・他者・自分についても理解を深める手段としていただきたいと考えました。

　本書は 2007 年度から始まった福岡工業大学での講義を基に，筆者の実践方法をまとめたものです。コミュニケーションが苦手な学生でも楽しんで学べるように工夫しました。出版にあたっては，福岡工業大学の学生・教職員の協力がなければ本書は世に出ることはありませんでした。この場を借りて心よりお礼申し上げます。

　時代が変われば，学生に必要なディスカッション能力もまた変わってくるでしょう。本書は発展段階の内容のため，本書への批判から近い将来，より洗練された入門書が提案されることを期待しています。

　最後に，本書の出版にご快諾いただいたナカニシヤ出版の米谷氏に謝意を表します。

2018 年 2 月
中野美香

目　　次

まえがき　*i*
本書の考え方　*1*
序　章　*5*

第１部　テキスト

1-1　基本Ａ：グループ・ディスカッションのスキルと進め方　*10*
1-2　基本Ｂ：他者から見た自己の理解　*12*
1-3　基本Ｃ：相手を受け入れよう　*14*
1-4　Step 0-A：アイスブレイク　*16*
1-5　Step 0-B：スモールトーク　*18*
1-6　Step 1-A：司会をしよう　*20*
1-7　Step 1-B：グランドルール　*22*
1-8　Step 2-A：テーマの分析　*24*
1-9　Step 2-B：アイデアを広げて絞り込む　*26*
1-10　Step 3-A：話し合いのステップ　*28*
1-11　Step 3-B：意見交換しよう　*30*
1-12　Step 3-C：質問しよう　*32*
1-13　Step 4-A：議論を構造化する　*34*
1-14　Step 4-B・5：話し合いをまとめよう　*36*
1-15　Step 6：振り返りをしよう　*38*

第２部　予習ワーク

予習ワーク1　基本Ａ：グループ・ディスカッションのスキルと進め方　*42*
予習ワーク2　基本Ｂ：他者から見た自己の理解　*44*
予習ワーク3　基本Ｃ：相手を受け入れよう　*46*
予習ワーク4　Step 0-A：アイスブレイク　*48*
予習ワーク5　Step 0-B：スモールトーク　*50*
予習ワーク6　Step 1-A：司会をしよう　*52*
予習ワーク7　Step 1-B：グランドルール　*54*
予習ワーク8　Step 2-A：テーマの分析　*56*
予習ワーク9　Step 2-B：アイデアを広げて絞り込む　*58*
予習ワーク10　Step 3-A：話し合いのステップ　*60*
予習ワーク11　Step 3-B：意見交換しよう　*62*
予習ワーク12　Step 3-C：質問しよう　*64*
予習ワーク13　Step 4-A：議論を構造化する　*66*
予習ワーク14　Step 4-B・5：話し合いをまとめよう　*68*
予習ワーク15　Step 6：振り返りをしよう　*70*

第3部 グループ・ディスカッション・シート

第1回 グループ・ディスカッション	74
第2回 グループ・ディスカッション	76
第3回 グループ・ディスカッション	78
第4回 グループ・ディスカッション	80
第5回 グループ・ディスカッション	82
第6回 グループ・ディスカッション	84
第7回 グループ・ディスカッション	86
第8回 グループ・ディスカッション	88
第9回 グループ・ディスカッション	90
第10回 グループ・ディスカッション	92
第11回 グループ・ディスカッション	94
第12回 グループ・ディスカッション	96
第13回 グループ・ディスカッション	98
第14回 グループ・ディスカッション	100
第15回 グループ・ディスカッション	102

第4部 ポートフォリオ

ポートフォリオ①：第1回 グループ・ディスカッション	106
ポートフォリオ②：第2回 グループ・ディスカッション	108
ポートフォリオ③：第3回 グループ・ディスカッション	110
ポートフォリオ④：第4回 グループ・ディスカッション	112
ポートフォリオ⑤：第5回 グループ・ディスカッション	114
ポートフォリオ⑥：第6回 グループ・ディスカッション	116
ポートフォリオ⑦：第7回 グループ・ディスカッション	118
ポートフォリオ⑧：第8回 グループ・ディスカッション	120
ポートフォリオ⑨：第9回 グループ・ディスカッション	122
ポートフォリオ⑩：第10回 グループ・ディスカッション	124
ポートフォリオ⑪：第11回 グループ・ディスカッション	126
ポートフォリオ⑫：第12回 グループ・ディスカッション	128
ポートフォリオ⑬：第13回 グループ・ディスカッション	130
ポートフォリオ⑭：第14回 グループ・ディスカッション	132
ポートフォリオ⑮：第15回 グループ・ディスカッション	134

参考文献　　136

本書の考え方

●対　　象

　本書は，何となくグループ・ディスカッションに関心のある方や，就職活動や卒業研究などで具体的にグループ・ディスカッションのスキルを高めたい方を対象としています。苦手な方も得意な方も楽しんで学んでいただけるように工夫しました。グループ・ディスカッションの一般的な流れややるべきことを知っておくだけで，苦手な人は心理的な抵抗感は減ります。グループ・ディスカッションが得意な人はできていることとできていないことを分析し，得意なところに集中することができます。就職活動や将来の勉強を早めに始めたい高校生や，社会人になって会議の場などでどうすればいいか困っている社会人の方にもおすすめです。

●グループ・ディスカッションの5つの要素と本書の構成

　グループ・ディスカッションは，自分と複数の他者との関わり合いによって成り立っているところが楽しさでもあり，難しさでもあります。そのため，全体としてうまくいったとしても，自分自身の課題やよかった点を適切に分析しにくい側面もあります。もしかすると他の人の手柄だったかもしれないし，もしかすると自分が蒔いた種で全体が混乱に陥ったということもあるかもしれません。グループ・ディスカッションには日頃のコミュニケーションの中で育むべき内容も含まれています。

　本書は大学生のうちに身につけてもらいたいグループ・ディスカッションに必要なスキルや知識を以下の5つに分けました。すなわち「基本」「関係の構築」「話し合い」「役割」「分析」です。「基本」は初めての人にグループ・ディスカッションについて知っておいてほしい前提や目的などの基本的な内容です。「関係の構築」は，話し合いに入る前にどのようにグループのメンバーと関係をつくるかという内容です。「話し合い」は，ディスカッションで一体何をどのようにして話し合いをすればよいのか，「役割」はグループでのディスカッションで必要になる役割についてです。「分析」は，グループ・ディスカッションの議論の質を高めるために必要な分析の方法です。これらはどれか一つができていればいいというものではなく，どれか一つが欠けてもグループ・ディスカッションは難しくなるでしょう。本書では，「基本」は **1-1 ～ 1-3**，「関係の構築」は **1-4, 1-5**，「役割」は **1-6, 1-7, 1-15**，「話し合い」は **1-10 ～ 1-12, 1-14**，「分析」は第 **1-8, 1-9, 1-13** です。それぞれの項目をディスカッションの流れに沿って構成しました。テキストは第1～15章まで順番に学んでいくことでスキルを発展させられるように内容を配置しました。内容は各章見開きで完結しているのでテキストに沿って順番通り学習するのもいいですし，苦手なところから学習するのもよいでしょう。

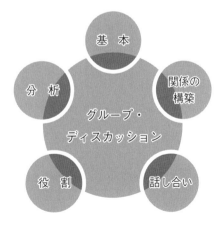

図 A-1　本書の考え方

●使い方

❶学びのPDCA

本書は第1部がテキストで第2部が予習ワーク，第3部がディスカッション・シート，第4部がポートフォリオになっています。各部はそれぞれ相互に関連しており，①テキストを読んで，②予習をおこない，③ディスカッションをして，④事後にポートフォリオを書くという，①〜④が本書の学習の1セットの流れとなります。グループ・ディスカッションは意識しないと普段の会話と同じようになってしまい成長がありません。コミュニケーションのスキルを学ぶためには，PDCA（Plan 計画—Do 実行—Check 評価—Action 再実行）のサイクルが重要です。本書との関係では，「Plan 計画」は予習，「Do 実行」は実践，「Check 評価」は復習のポートフォリオ，「Action 再実行」は次の実践となります。この流れの中でグループ・ディスカッションを学ぶことによって，コミュニケーションの学習に必要不可欠な学び方を身につけることができます。話し合い自体は記録が残らないため，些細なことでもメモをとって，学びを深めていきましょう。

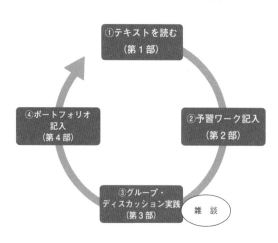

図 A-2　本書の使い方

❷予習が雑談の材料になる

予習では，①テキストを読み，内容を理解し，②予習ワークに記入します。このワークには自分の考え方・価値観，普段のコミュニケーションに関する問いが含まれています。実践をする前に自分の考え方や普段の行動を把握することで，実践を通して新しい知識や技術を取り入れやすくなります。予習を踏まえて③グループ・ディスカッションを実践します。**予習で記入した内容がグループ・ディスカッションの序盤の「雑談」の材料として使われます。**予習を雑談に用いることで，グループ・ディスカッションに入る前に，メンバーがディスカッションに対してどのように考えているのか，共通点や相違点を知る機会として捉えています。講義などで③グループ・ディスカッションをする際には，ディスカッション中も第3部のディスカッション・シートを使ってメモを残し，後からどのようなディスカッションがおこなわれたか振り返れるようにしましょう。そして，④復習としてポートフォリオに感想や反省点を記録しておきます。すべての学習が終わったら，このテキスト1冊はディスカッションの技術だけでなく，自己理解や他者理解などを含む貴重なコミュニケーションの学びの記録となるでしょう。就職活動中に経験したグループ・ディスカッションの記録としても使うことができます。

❸授業科目とテーマ選び

本書は「グループ・ディスカッション」という名のつく講義など，グループ・ディスカッションやコミュニケーションのスキル向上を目的とする教養科目などのテキストとしてお使いいただけます。この場合，領域にとらわれずディスカッションのテーマは多様なトピックが望ましいです。参考資料として，トピック集をウェブサイトからダウンロードできます。

また専門の講義でも，理解を確かめるためのアクティブ・ラーニングの手段としてテキストを使うこともできます。専門の講義で使用される場合は，トピックはその講義で扱った範囲から選ぶと

学習内容の理解を確かめ，知識を定着させる機会になります。

いずれのテーマにおいてもメンバーが話したいと思うトピックを選ぶことが重要です。その際，一人3つほど候補を考えてもらい，その中から決定するプロセスが好ましいです。どちらの場合も，トピックは教員から与えるものと，自分たちで選ぶものの二種類を導入すると飽きません。学生にトピックを考えてもらうのも効果的です。

●本書の位置づけ

本書は過去に出版したテキストの3つ目に位置づけられます。1つ目は，1年生に身につけてもらいたいコミュニケーション能力の基礎を『大学1年生からのコミュニケーション入門』(中野, 2010) にまとめました。このテキストでは，論理的に話し，聞く力を基本に自己理解や目標設定などコミュニケーションの基本となる内容が含まれています。次に『大学生からのプレゼンテーション入門』(中野, 2012) は，プレゼンテーションをマネジメント能力と関連させてプレゼンテーションに必要な能力や知識を学び，さまざまな場面で実践を積み重ねられるように構成しました。そして本書『大学生からのグループ・ディスカッション入門』は，グループでの話し合いにどのように参加するかということを学びたい人のためにまとめたものです。3冊のテキストは図 A-3 に示した順番で出版されましたが，どこから学び始めても問題ありません。大学生のうちに学んでいただきたいことを3つのテキストにまとめました。興味のあるところから学び始めて，3冊すべての内容をご自身で咀嚼し，最終的に統合していただきたいと考えています。

これらの3冊の内容は他者とコミュニケーションをとる点では共通していますが，状況が異なります。本書で扱うグループ・ディスカッションには，人間関係に配慮しながら，制限時間内に他者との兼ね合いの中で自分の考えを伝えたり，相手に質問をしたり，みんなでまとめるという複合的な作業が不可欠です。このようなコミュニケーションにおいては，**個人の話し合いのスキルを伸ばすと同時に，対人スキルの両方が必要になります。**個人のスキルばかり伸ばしては，協調性がなくなったり，他者と一緒に考えを深めていくことに問題が生じます。一方，対人スキルばかりに注目すると，肝心な自分の意見がわからなくなってしまいます。他者と協調しながらも自分の意見を明らかにし，必要な役割を理解してグループでの話し合いに貢献するためには両者のバランスが大事です。また，ディベートやプレゼンテーションと違って発言の準備時間がそれほどありません。相手とのコミュニケーションの中で即座にアドリブで対応する場面が増えます。これは普段私たちの生活でおこなわれているコミュニケーションと同じですが，順序を追って論点を掘り下げたり，結論を出すなどの特別な方法を知っておく必要があります。

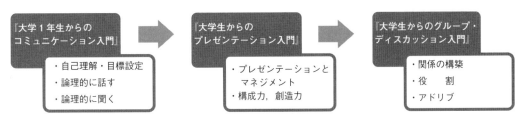

図 A-3　3つのテキストの内容

●もっと学びたい人のために

　本書では筆者の考え方を基に大学生を対象にグループ・ディスカッションの基本をまとめたため，基礎的なスキルが身についた後に社会人になってから学んだ方がよい高度な内容は除外しました。そこで，もっと学びたい人のために巻末（☞ p.136）に参考文献をつけました。本書でグループ・ディスカッションが何であるか，実践を通して自分の得意・不得意を把握した後に，本やウェブサイトを参考に発展的なスキルの研鑽に励んでいただきたいと思います。継続して学習したい方はポートフォリオを http://www.commedu.net/ からダウンロードできるので，そちらを利用してください。

序　章

本章ではテキストに入るための前提となる事柄について述べます。はじめに本書が考えるグループ・ディスカッションの定義と分類についてまとめ，次に，就職活動におけるグループ・ディスカッションへのアドバイスを述べます。

●グループ・ディスカッションの定義と分類

ディスカッションとは話し合いのことです。"discussion"の定義については，*Webster's New World College Dictionary* では「ディスカッションという行為，あるテーマの賛否や様々な観点が考慮される話し合いや書物のこと」と書かれています。ディスカッションは二人でおこなうこともありますが，複数人のグループでおこなうディスカッションのことをグループ・ディスカッションと呼びます。表 0-1 はバーンランドとハイマン（Barnlund & Haiman, 1960）が 5 つに類型化したものに従って大学生の例を追加しました。大学生の例を挙げると，「1. カジュアル・グループ」は友人・サークル，「2. カタルシス・グループ」は友人・セルフヘルプグループ，「3. 学習グループ」は友人・部活・研究会・習い事・講義，「4. 政策決定グループ」は部活・研究会・調査グループ，「5. アクション・グループ」は部活・研究会・行動決定グループなどが考えられます。

本書のテーマであるグループ・ディスカッションは二人以上のグループでおこなわれるディスカッションを指します。近年，グループ・ディスカッションが就職面接で使われることが増え，「グループ・ディスカッション＝就活」と考える人もいるかもしれませんが，グループ・ディスカッションは一生に一度の特別なものではありません。私たちは日常のさまざまな場面で他の人と話して意見交換し，何かを決めています。グループ・ディスカッションの進め方はどのような場面で誰とおこなうかによって若干違いがあります。そのため，**一般的なやり方を理解し，その知識や経験をもって実践知を積み重ねるのが大事であると考えます**。これにより，他の人のやり方を観察する基準ができます。

表 0-1　5 つのディスカッション・グループの分類

グループ名	特　徴	大学生の例
1. カジュアル・グループ	友人や知人との自発的なグループ	友人・サークル
2. カタルシス・グループ	日常生活でのストレスや緊張，他者への敵意を弱め，自分自身に対する理解を深め，より成熟した社会的行動をとれるようにするためのグループ	友人・セルフヘルプグループ
3. 学習グループ	学習のためのグループ，情報を入手したりアイデアを吟味したり，独創的な思考を刺激するためのグループ	友人・部活・研究会・習い事・講義
4. 政策決定グループ	問題を解決したり政策内容を決定したり，それに必要な調査をおこなうためのグループ	部活・研究会・調査グループ
5. アクション・グループ	政策をいつどのような形で行うかを具体的につめる作業をおこなうためのグループ	部活・研究会・行動決定グループ

●就職活動とグループ・ディスカッション

　グループ・ディスカッションはそれ自体が目的の場合と手段の場合があります。グループ・ディスカッションが目的の場合は，グループでの話し合いができることが個人やグループのスキルを向上させたり，仲をよくすることにつながるような場合です。一方，グループ・ディスカッションが手段になる場合は，グループで議論することで問題の解決策を発見することなどがあります。就職面接でグループ・ディスカッションが使われる場合は，評価の手段としてグループ・ディスカッションの間のふるまいや発言内容などを総合的に判断し採用者を決めます。このように，グループ・ディスカッションはただ話し合えばいいというものではなく，グループ・ディスカッションを通して何をすべきかということ，求められていることや評価されることは状況によって異なります。

　大学生の多くはグループ・ディスカッションを学ぶ動機として就職活動での内定獲得を挙げるでしょう。本書はグループ・ディスカッションの基礎的なスキルや知識を身につけてもらうことを目的としています。そのため，就職面接としてのグループ・ディスカッションだけを目的としたものではありませんが，就職面接の際のグループ・ディスカッションで何をするのかを知っておくと役に立ちます。就職面接でグループ・ディスカッションがおこなわれる場合，一般的に4〜5名が1グループとなり，一部屋に複数のグループが同時にグループ・ディスカッションをおこないます。テーマはその場で与えられることが多く，テーマが与えられてから45分程度の時間内に意見交換をし，結論を出して，代表者が全員の前で発表することが多いです。この間，企業側の担当者は評価をしながらグループ・ディスカッションの様子を見て歩きます。いくつかのバリエーションはあっても，以下①から⑥の点において共通しているといえるでしょう。

❶直前にテーマが決まる

　テーマが急に与えられると驚きますが，驚いている時間はあまりありません。すぐに頭を切り替えて，何を話さなければならないのか，何ができるのかを考える必要があります。知識や経験があるテーマの場合はスムーズにいくかもしれませんが，聞いたこともないようなテーマや，明らかに知識が足りない場合はそれでも話に貢献できる方法を考えなければいけません。知識がなくても諦めずに，他の知識を使って推論したり，司会に専念したり，他の人の意見を土台にして発展させるなど，十分に貢献できる余地はあります。知識不足の分野を少しでも減らせるように，常日頃からさまざまな事柄に興味関心をもって自分の考えを整理しておくことが必要です。

❷ランダムにグループ（ペア）が決まる

　ランダムに誰かとグループ（ペア）になって話をする際に，少しでも言葉をかわしたことがある人とはすぐに打ち解けて話しやすいでしょう。「初めまして」の挨拶から始めなければいけない場合は，お互いのことを十分に知る時間がとれません。話し合いを効率よく進められるように，相手が話しやすい雰囲気を作って，お互いのことを知り，短時間でグループとしてのまとまりができるように考えましょう。

❸制限時間がある

　話し合いの時間はいくらあっても難しいものですが，グループで話し合いに熱中すると時間のコントロールはより難しくなります。はじめに，何にどれくらいの時間を使うのか時間配分を考えて，ストップウォッチを用いたり，タイムキーパーを決めるのがよいでしょう。また，時間を過ぎても意見を出したくなるかもしれませんが，あらかじめ考えて決めた時間配分をみんなで守るとい

う姿勢も大事です。時間は有限でかつみんなのものであるため，他者に配慮して時間を使いましょう。

❹何をどのように話し合うかはグループで決める

時間制限と関連して，時間をどのように使うか決めることが最初の話し合いになります。誰かが提案して，それでいいのか，だめならなぜだめで代替案はどうなのか，みんなで考えましょう。ただし，進め方についての話し合いに時間をたくさん使ってしまって，肝心の本題について話し合いができなくならないように，みんなでさっと確認して決めることが大事です。そのためには，グループ・ディスカッションの経験が重要です。何度か経験すると，どういう問題が生じやすく，どうすればうまくいくのかについて予想ができるようになります。

❺結論を出す

グループ・ディスカッションでは結論を出すことが求められます。話し合いを通してどのような結論に至ったかということです。場合によっては，グループ・ディスカッションの時間の後に代表者がわかりやすくみんなの前で説明することが求められるでしょう。この際，結論だけ教えてくださいといわれることもあれば，プロセスを含めて発表してくださいといわれることもあります。大事なことは，グループ全員が話し合いに参加し，意見交換をして，みんなが合意する結論に至ることです。限られた人の意見だけが採用されないように，平等に意見交換をおこないましょう。

❻知らないうちに評価される。

最後に，これらの活動は就職活動においては面接として機能しています。グループ・ディスカッションを一生懸命おこなっていると忘れてしまいがちですが，企業側の人事担当の方が「採用するかどうか」という視点でみなさんのふるまいを外から眺めています。与えられた課題に集中して取り組むことはもちろんですが，それと同時に誰かがそれを評価しているという視点も大事です。過度に自分のことをアピールしてしまってはグループの和が崩れることもあるでしょう。グループ・ディスカッションだけをしていればいいということではありません。評価者に少しでもよい印象をもってもらえるように，できることに全力で取り組んでください。

それでは，グループ・ディスカッションの学習をはじめましょう！

第 1 部

テキスト

1-1 基本A：グループ・ディスカッションのスキルと進め方

予習ワーク ☞ p.42

●雑談 + 対話 + 議論 = グループ・ディスカッション

複数の他者との話し合いを「雑談」や「対話」「議論」などと呼ぶことがあります。「雑談」は，みんなが楽しい雰囲気でおこなわれる他愛もないおしゃべりで特にオチはいりません。「対話」は，和やかな雰囲気の中で相手としっかり向き合って気持ちを共有するような話し合いです。「議論」は緊迫した雰囲気の中で意見を対立させどちらが正しいか論理的に検証するものです。

グループの中で合意を形成することを目的としたグループ・ディスカッションには「雑談」「対話」「議論」のすべてが含まれると考えます。知らない人とグループになった時には少し雑談をすることで場が和むでしょう。話し合いの進め方を決めたり，意見交換する際には，一人ひとりの考えや気持ちと向き合って対話することになります。意見交換の後，問題の解決方法を検討したり，深く分析したりする際には，対立する事柄についてどちらがよいのか，議論を通して論理的に検証することが役立ちます。結論を出す際には対話モードでメンバーの意思を確認し，雑談をして終わりという流れになるでしょう。グループ内でよい関係を保ちながらも論理的に問題を分析し，結論を導くためには雑談のスキルも対話のスキルも議論のスキルもすべて重要です。グループ・ディスカッションを学ぶことで，コミュニケーション能力を総合的に伸ばすこともできます。

●グループ・ディスカッションの進め方

グループでの話し合いで結論を出すためには，ディスカッションの初めに**話し合いの共通の基盤を見つけることがよい出発地点**になります。さまざまなグループ・ディスカッションに共通するステップを0から6に分けて表1-1にまとめました。Step 0～2が話し合いの準備，Step 3～5が話し合い，Step 6が結論となります。Step 0はある時とない時がありますが，話し合いをスムーズに進めるうえではとても重要です。必ずしもこのステップどおりに進める必要はありませんが，このステップを参考にすることで話し合いをスムーズに進めることができます。各ステップの詳細を以下に説明します。

表 1-1　合意形成のためのグループ・ディスカッションの流れ

ステップ	内　容	例	位置づけ
Step 0	顔合わせ	自己紹介，雑談（予習の確認）	序論：準備
Step 1	話し合い開始	趣旨説明，役割分担，進行の流れ，時間配分	
Step 2	テーマの共有	テーマ設定背景，前提の確認，問題提起，分析	
Step 3	意見交換	論点の洗い出し，整理，共通点・相違点，絞り込み	本論：話し合い
Step 4	軌道修正	論点の見直し，新たな情報の追加，判断基準の検討	
Step 5	まとめ	議論のまとめ，妥協点の模索，合意形成，次回持越し	
Step 6	話し合い終了	決定事項の確認，次回のテーマ・日程の確認	結論：収束

- **Step 0**：ディスカッションのグループが決まったら，簡単に自己紹介をしてどのような人がメンバーにいるのかお互いに知る時間をとります。最初にお互いの顔と名前と雰囲気を知る機会を設けるとスムーズに進みます。手短に自分のことを知ってもらえるよう，伝えることをあらかじめ考えておきましょう。**雑談ではお互いの共通点や相違点に着目すると自然に雑談ができます**。予習で考えた内容を雑談で話してみましょう。
- **Step 1**：趣旨の説明や役割分担では，これから何のために何を話し合うかを確認します。誰がリーダーや書記を務めるか，必要な役割分担をおこないます。話し合いに入る前に雑談をしっかりしておくとどんな人がいるのかがわかって話しやすくなります。
- **Step 2**：テーマの共有では，話し合いのテーマを確認して，なぜそのテーマを話し合う必要があるのかという背景や，前提条件を確認し，どのような問題が含まれているか，どのようなアプローチで考えるのか分析の方向を確認します。**この段階では大まかにテーマを確認する程度で大丈夫です**。
- **Step 3**：意見交換では話す準備ができた人から，全員が**主張の型**（☞ p.30）を使って自分の考えを伝えます。全員の意見を聞いた後に，どのような意見があるのか整理し，論点を洗い出しましょう。その後，**反論の型**（☞ p.31）を使った反論や質問をお互いにおこない，共通点・相違点を分析し，議論すべき内容を絞り込みます。
- **Step 4**：軌道修正では，Step 3を踏まえて論点を見直したり，新たな情報を追加するなどして，他の見方がないか判断基準を検討します。その際，図などの論理的なツールが役立ちます。Step 3で出た意見をどこまで発展させられるかが重要です。ここでは**総括の型**（☞ p.36）が役立ちます。
- **Step 5**：まとめでは，Step 3と4で深めた議論を集約します。まずは全員が納得できる点と納得できない人がいる点を整理します。全員の合意が形成されなかった部分については，他に妥協点がないかを確認します。決まらなかったところは次の機会に話し合うこともできます。
- **Step 6**：すべてが終わり，話し合いが終了します。この時にもう一度，決定事項を確認し，話し合いを振り返り，次回のテーマや日程など，次にすべきことを確認して終わります。

ディスカッションには決まったやり方はなくさまざまなやり方がありますが，上記の流れを頭に入れておくとどのようなディスカッションでも対応することができます。このような**プロセスをあらかじめグループで共有することで，公平感が増し，結論にみんなが納得しやすくなります**。グループが一つになって協力するためには，ルールとプロセスと目的の共有が欠かせません。本書では議論の型として，自分の考えを伝える「主張」，相手の意見に反論する「反論」，意見の対立を踏まえて意見をまとめる「総括」の3つの型をディスカッションに取り入れた方法を紹介します。この型を使えば，簡単にディスカッションができるようになります。第2章から必要なスキルや知識を個別に取り上げて学んでいきます。

ポイント！
- 雑談＋対話＋議論＝グループ・ディスカッション
- グループ・ディスカッションと普段のコミュニケーションの相違点を考える
- グループ・ディスカッションのステップを理解する

1-2 基本B：他者から見た自己の理解

予習ワーク
☞ p.44

●グループで話し合いをする際に気をつけるべきこと

　グループでの話し合いは，よく知った人の集まりだとお互いを知っているのでやりやすいでしょうが，就職面接などよく知らない人たちとグループになって話し合いをするのは簡単なことではありません。「この人はどんな人かな？」と考えると同時に，「話すべきことは何かな？」と，グループ内の人間関係の構築と議論の構築を同時にしなければならないからです。対人関係に注意を取られすぎると，議論に集中できません。一方，議論にだけ集中するとせっかくのグループでの話し合いがうまくいかないこともあるでしょう。このように，話し合いのスキルと人間関係のスキルはどちらも大事です。

●対人行動を引き起こす心理過程

　私たちはある人に対してどのように行動するかを決定する際に最初に対人認知ということをおこなっており，相手も私たちに対して同じような行動をとっています。私たちが人に対してどのような行動を起こすかのプロセスを以下に示します。

①対人認知：相手をどんな人間（パーソナリティ）とみるかなどの認知。対人行動を選択する際の判断材料として利用される。
②対人欲求：相手に対する行動を引き起こすエネルギー：親和，支配，服従，救護，保護など。
③対人態度：行動に一貫性をもたらす好き・嫌いの感情。肯定的な場合は接近行動，否定的な場合は回避行動をとる。
④対人的帰属過程：相手の行動の原因を推論する過程。行動の原因を何に特定するかによって相手の評価や対応が変わる。

●自己を知らせるコミュニケーション

　お互いについて探り合う時間を減らし，議論に速やかに集中するには，**自分から相手に自分について知らせること**が有効です。特定の他者に対して自身に関する情報を言語的に伝達する行動のことを自己開示といいます。一般的に自己開示の量（範囲）と質（内面性）は対人関係が進展すると広く深く情報が増加します。自己開示の内容は価値観などの精神的なものや体質などの身体的なもの，公的役割などの社会的なものがあります。いずれも適切な自己開示は関係を発展させたり，親密度を調整する上で重要です。しかし，あまり親しくないのに個人的なことを伝えるなどの不適切な自己開示は危険もあります。グループ・ディスカッションでは制限時間があるため，**議論を進める上での自分の特徴について開示する**とよいでしょう。たとえば，「私は口下手なので，話を振ってもらえると嬉しいです」「つい熱が入るので，度が過ぎたら教えてください」などです。

●自分が他者に与える印象を知る

　人と議論する時にどんな人だとやりやすいでしょうか。逆にどんな人だとやりにくいでしょう

か。それぞれの特徴を書き出してみましょう。それがみなさんの目標になります。自分が議論をしやすいなと思う人に近づけるよう，またやりにくいと思う人にならないように気をつけてみてください。客観的に自分をみることでグループ・ディスカッションは上達します。また自分が最初に与える印象を知っておくと自己理解に役立ちます。またパートナーの印象も伝えてみましょう。限られた時間で評価をするのは難しいですが，限られた情報から評価をしたりされたりしていることがわかるはずです。あらゆる情報が相手にとってみなさんを評価する材料になります。

●グループでの役割分担

グループ・ディスカッションでは役割分担が欠かせませんが，みんながまとめ役になったら議論が進みません。自分がやりたいことも大事ですが，他の人との兼ね合いでまとめ役を買って出たり，他の人に譲る必要があります。いずれにせよ，**まとめ役の仕事を知っていることによって，まとめ役でない場合も議論に積極的に参加することができます**。まとめ役はあくまで議論を円滑に進めるための役割なので，自分の意見に従わせるような強力なリーダーシップではなく，みんなの意見を大事にまとめます。まとめ役がスムーズに仕事をしやすくするのもまた一つの重要な役割です。他にまとめ役をやりたい人がいたらその人に譲ってまとめ役を支えましょう。みんながまとめ役をやりたくなさそうだったら，自分から名乗り出ましょう。

●自然体でのぞむ

自分のことについて相手に伝えることはコミュニケーションを円滑に行うために大事ですが，本来の自分から離れて演技しすぎるのはかえって印象が悪くなります。居心地が悪ければ相手にも伝わってしまうので，自然体で，力みすぎず，自分の考えを伝えましょう。場数を踏めば緊張しすぎることなく，自分のペースで話し合いに参加することができるでしょう。**話を誇張しすぎると信頼性が落ちるので気をつけてください**。いつもの自分らしい振る舞いが一番自然です。ゆっくり深呼吸して身体の緊張をほぐしましょう。

●自己と他者の比較から違いを生み出すものを探る

グループの中にはさまざまな意見をもつ人たちが含まれるため，「何が違いを生み出しているのか？」という視点から話を聞くことが重要です。この違いは考え方だけでなく，解釈や意見，経験やこだわり，役職，立場，などの複合的な理由が考えられます。何が判断基準になっているかという問いも有効です。メンバー間の違いを明確にすることが合意形成につながるといっても過言ではありません。またそのためには**自分自身が自分の意見をよく検討し，理解しておく必要があります**。自分の意見があいまいであれば，他者との違いを明確にするのは難しくなります。もし**意見を決めきれない場合でも，決められる部分と決められない部分に分けて考えてみましょう**。「この点では納得できるけれど，この点では納得できない」というように分析することが重要です。「みんなの意見が違って当たり前」ということを確認してから始めましょう。

> **ポイント！**
> - 相手から見た自分を理解し，適切に自分のことを相手に知らせる
> - まとめ役をいつでも買って出られるようにする
> - グループの中での自分の位置づけを考える

1-3 基本C：相手を受け入れよう

予習ワーク
☞ p.46

●相手が話しやすい聞き方

グループ・ディスカッションでは，聞き方は話し方と同じくらい大事です。グループの中で話しているのは一人に限られます。メンバーが平等に話すことが前提となるので，自分が話しているよりも他の人の話を聞いている時間の方がずっと長いことになります。話そうとしたときに，他のメンバーが聞いてくれないような雰囲気であれば誰でも話したくありません。逆に，みんながよく聞いてくれそうであればもっと話そうというモチベーションが上がるでしょう。一人ひとりがどのように聞くかによって話し手の話しやすさはもちろん，グループとしての雰囲気も変わり，それが話し合いの盛り上がりや合意形成の質に大きな影響を与えます。

●傾聴：話し手を受け入れる

話を聞くというのは，話の内容だけを聞いていればよいわけではありません。聞き方には，積極的に相手の話に耳を傾ける傾聴（アクティブ・リスニング）という方法があります。話を聞く際にはその人の存在そのものを尊重し，**表面的な意見の違いではなく，その意見に至った過程を含めてその人自身を理解しようとする姿勢**が大事です。人は受け入れてくれそうな人には話しますが，受け入れてくれなさそうな人には話したくないものです。意見は違っても共感することはできます。相手を受け入れるというのは抽象的でわかりにくいかもしれませんが，気持ちの中で相手を尊重できなければ表面的な聞き方に終わってしまうでしょう。「受け入れない」という姿勢は，会話を勝ち負けと捉えて，「否定する」「攻撃する」「評価する」「優位に立とうとする」ことなどに現れます。話し合いではこれらのことをしないように気をつけるだけでも効果的です。

●話し手に身体を向けてアイコンタクトを

話すのが好きか，聞くのが好きかは好みが分かれるところですが，話している時は一生懸命でも，聞く時には集中力が切れてしまう人がたくさんいます。まずは，話し手に対して身体を向けることからはじめましょう。相手に向かって椅子に座っているだけでは不十分です。足を組んでいたり，頬杖をついたり，腕組をしたり座り方が悪かったりすると，話し手は「この人は話を聞きたくないのかな」という印象をもちます。しっかり相手の目を見て，相手の話に集中していることを示しましょう。無意識に癖になってしまっていることも多いため，自分のふるまいに注意しましょう。アイコンタクトでは相手を包み込むように柔らかく見て，凝視しないように気をつけてください。

●うなずき，あいづち，復唱

相手を尊重して，相手に体をむけて目を見ながら聞いていても，適切な反応がなければ話し手はあなたのことを少し怖く感じるかもしれません。聞くという行為は進行形の行動なので，態勢を整えるだけでなく，相手の発言に応じて聞き方も対応する必要があります。その時に**相手の発言に対して，うなずいたり，あいづちを打つことは効果的**です。話し手は多くの場合，相手にとってつま

らない話ではないか不安に思っています。そのような時に，うなずいたりあいづちがあると，聞いてくれていることが話し手に直接伝わるので，相手にもわかりやすいです。普段から意識してうなずいたり，あいづちを打ったりする習慣を身につけましょう。**よく使われる方法の一つに，「繰り返し」があります。話し手が言ったことを，「＊＊だったんですね」と復唱する方法です。**簡単ですが，言葉に出すことで話し手は受容された感じをもちます。相手が言葉にできなかったことをこちらから補ってあげる方法もあります。「それは＊＊ということですか？」など，自分では気づかなかったことを指摘することで，お互いの理解が深まります。

●笑　　顔

　人は相手の表情からいろいろなことを読み取っています。自分では自分がどのような表情をしているかわかりにくいため，時に誤解が生じることがあります。話し合いにおいては，相手に向けた自分の表情に気をつけてください。**特に自分の表情を意識しないと，相手は「無表情な人だ」「怒っているのかな」「反対意見があるのかな」と悪いことをたくさん考えてしまいます。**そうならないように，積極的に他者から見た自分を想像して，相手に好意的な表情を作るようにしましょう。無理やり笑う必要はありませんが，笑顔でいるだけで話し手や他の人は安心します。表情が与えるメッセージの大きさに気を配ってみてください。**いつもより少しだけオーバーにリアクションするイメージです。**鏡の前で自分の表情のチェックをしてみましょう。

●言葉だけではわからないことも聞く

　「聴く」のは相手が言葉にしたことだけではありません。相手がどんな気持ちで話しているのか，よく話し手を観察しましょう。**人の心理は手や目など身体の動きに現れるといわれています。**また，考えはその人の経験と関連していることが多いものです。「こういう意見を言うということは，どういう人なんだろう」「この人はどういう状況なんだろう」「本当は何が言いたいのだろう」と考えてみましょう。時に言葉に表れていないことが非言語的メッセージとして現れることがあります。「楽しかった」という一言も，声のトーンや大きさ，表情，目線などによってまったく別の意味になります。俳優の演技をこのような視点から見るのも役に立つでしょう。

●発言する時には前の発言との関連を伝える

　何かを発言する時に，自分の中ではきっかけがあって発言しているはずですが，**他の人からは唐突な意見に感じられることがあります。**そうすると，「この人は他の人の意見を聞いていないのかな」と思われてしまいます。そうならないように，発言する際に，直前の話題と関連させて，「今＊＊さんが指摘された問題についてですが」「他の方は経済的なメリットについて考えられていますが，他のメリットもあると思います」のように，今から話す内容をこれまでの話し合いに位置づけることが大事です。このひと手間によって，混乱や誤解を避け，建設的な話し合いを進めることができます。

> **ポイント！**
> - ●相手が話しやすい聞き方・姿勢を心がける
> - ●自分の聞き方のくせに気づく
> - ●自分が話を聞いていることが相手にわかるように行動する

1-4 Step 0-A：アイスブレイク

予習ワーク
☞ p.48

●緊張をほぐすための3つの要素

はじめて出会った人はみんな緊張しています。悪い人じゃないかな、攻撃されないかなと様子をうかがっています。そんな氷のように固くなった雰囲気を砕くことをアイスブレイク（ice-break）といいます。またアイスブレイクを進める人をアイスブレイカーといいます。アイスブレイクは参加者が話をしやすい雰囲気をつくり，意見や新しいアイデアを意欲的にだすための最初の仕掛けともいえます。アイスブレイクは本題に入る前の準備運動のようなもので，長さや内容にはいくつかのバリエーションがあります。

アイスブレイクは以下の3つの要素，①自己紹介，②他者認知（他者への関心の覚醒），③共同作業（チームワークの形成）から構成されます。①は自分がどんな人か相手に伝えることで，自分のことを知ってもらう段階です。②の他者認知では，グループにどのような人がいるのかを知ろうとする段階です。他の人に関心をもたずにその場にいることはできますが，**他の人に関心をもち，お互いを知ることでグループでのコミュニケーションがとりやすくなります**。最後に③共同作業は，みんなで何かを一緒にするという段階です。自己紹介と他者認知がなければ共同作業はぎこちないものになるでしょう。みんなで何かをする時には自己紹介も他者認知もどちらも重要です。

●アイスブレイクの目的

アイスブレイクをやってもやらなくても話し合いは変わらないのではないかと考える人もいるかもしれませんが，アイスブレイクの目的は大きく二つあります。一つは，他の参加者をしっかり観察することです。どんな人が参加しているのかを知ることで不要な不安を取り除くことができます。周りをよく見て，どんな人がいて，どんなグループで話し合いをしようとしているのか仮説を立てて，確かめてみましょう。二つ目の目的は，**他の参加者の属性を知り，自分の立ち位置を知る**ことです。グループにはいろんな人がいるでしょう。年齢はどうでしょうか。学歴はどうでしょうか。周りを見ることで自分が年下なのか，年上なのかなど位置づけを知ることができます。集団内での自分の位置づけがわかると不安を解消することにつながります。

●アイスブレイカーの役割

初対面の人でも話しやすいなと思う人がいると思います。その人はどんな人ですか？　あるいは話しにくいなと思う人はどんな人でしょうか。相手からみて自分が「話しやすい人だな」と思ってもらえるように，他の人のいいところをまねてみましょう。**最初にアイスブレイカーがどのように自己紹介をするかによって，他の人の自己紹介のやり方が決まります**。他の人は自然とアイスブレイカーのまねをすることが多いため，アイスブレイカーは他の人への影響を考える必要があります。できるだけ親しみをもって，他の人の不安や心配をなくすことができるように配慮してみましょう。その際，自己紹介の内容も大事ですが，**どのような表情で，どのような声で話すかも大事**です。相手からどのように思われるかわからないため，相手が受け入れやすいように明るく，はきはきと，他者を尊重しながら話してみましょう。

●説得力のある意見は集団の中の位置づけによって決まる

　集団での話し合いにおける説得力は，その発言がどれだけ全体に貢献するかによって決まります。たとえばAさんが意見を述べた後に，Bさんが全く同じことしか言えないのであればBさんの発言がなくても集団としての変化はなく，**結果的に価値が低くなってしまいます**。グループへの貢献とは，他の人とは異なる方法や内容を提案することです。男性グループの中に自分が女性一人であれば，女性ならではの意見が説得力をもつでしょう。また，自分が最年長の場合は経験から得たことを話すのもいいかもしれません。このように，グループにいる人の属性によって自分がどうふるまうべきか，どう見られるのかということが決まります。また，自分がどのような発言をすればよいのかも自ずと決まります。**その集団で何が貴重とされるのかを考えてみましょう**。

●和やかな雰囲気がよい話し合いをつくる

　アイスブレイクによってお互いの緊張を和らげることができたら，雰囲気に気を配ってみましょう。どんな話し合いも緊張した集団ではスムーズに進めることができません。お互いが信頼し，協力的な関係があってこそ話し合いから何かを生み出すことができます。したがって，議論のスキルを上げることももちろん大事ですが，それ以上にグループ内でいい関係を築けるスキルも大事です。いったんいい関係が築ければ，自然に話し合いはスムーズに展開していくでしょう。普段から人と話すときに自分が話しやすい雰囲気を作っているかどうかを考えてみてください。最初は挨拶が肝心です。挨拶は相手と関係を作りたいという意思表示になります。まんべんなくグループのメンバーの眼を穏やかに見てアイコンタクトをとりましょう。

●簡単な練習

　アイスブレイクにはいろいろな方法がありますが，ここでは代表的な方法を紹介します。

① **じゃんけん**：じゃんけんはみんな知っているため大人も子どもも簡単に盛り上がります。グループ・ディスカッションでは最初に書記や司会者など役割分担を決めたいときに有効です。やりたい人がいない時ほど，勝った人にお願いするようにしましょう。
② **共通点を見つける**：自己紹介などの後にお互いの話の中から共通点を見つけます。注意深くお互いの話を聞いて共通点を発見することで，親しみを感じることができます。**一見，共通点がなさそうな人でも，さまざまな話をすると共通点は必ず見つかります**。
③ **トーキングアイテム**：ペンや消しゴムやボールなどなんでもいいのでものを一つ選んでそのものを持っている人だけが話し，それ以外の人は話を聞くというものです。これにより，発言する人の話をみんなで聞くという練習ができます。そのものについて話してもいいですし，テーマを決めて話してもよいでしょう。

> **ポイント！**
> ● アイスブレイクには①自己紹介，②他者認知，③共同作業の3つの要素がある
> ● アイスブレイカーを中心に和やかな雰囲気をつくることで話し合いが進む
> ● 簡単なアイスブレイクの方法を普段から試してみる

1-5 Step 0-B：スモールトーク

予習ワーク ☞ p.50

●スモールトーク：自己開示して打ち解ける

　スモールトーク（small talk）とは雑談，世間話のことです。いきなり本題に入るのではなく，少しの時間でもスモールトークをすることで話しやすい関係をつくることができます。誰でもはじめて話す相手はどんな人かわからないため緊張しますが，一方で古くから知っている友達と話す時はリラックスして話せるはずです。この違いは相手がどのような性格で，どのような経験をして，どのような価値観をもっているのかだいたい予測できるかどうかです。逆にいえば，初対面の相手でも自分から相手が知りたいことを伝えて，相手にも自分が知りたいことを聞くことができれば古くからの友人のようまではいかなくとも話しやすい関係をつくることができます。1-2（☞ p.12）では，自分から相手に自分についての情報を伝える「自己開示」について学びました。人は誰かに自己開示されると親しくなりたいと思ってくれているのだと好感をもちます。雑談や世間話のスモールトークの中で適切に自己開示することで仲良くなることができます。

●自己開示の4つの枠組み

　自己開示といってもごく親しい人しか知らないようなプライベートの話をする必要はありません。自分が初対面の人でも知ってもらって構わない範囲で自分のことを話しましょう。まず自分から相手に自己開示すれば，相手も同じように自己開示してくれるはずです。

　それでは何を開示しましょうか。開示する内容が思いつかない人は，①**事実**，②**体験**，③**好み**，④**価値観**について相手に伝えてみましょう。①事実とは，自分に関する事実のことです。たとえば，出身地，家族構成，学歴，所属サークル，通学方法，などです。②体験とは，自分がこれまで体験したことです。たとえば，旅行，留学，楽しかったこと，びっくりしたこと，怖かったこと，などです。③好みとは，自分の好き嫌いの好みについてです。たとえば，食べ物，スポーツ，ファッション，芸能人，本，などです。ただし，嫌いなことを言う時には相手に不快な思いをさせないように配慮が必要です。④価値観は，自分の物事に対して抱く価値のことです。たとえば，勉強，お金，文化，政治，宗教などに対する考え方です。相手が自己開示したことについては否定しないようにしましょう。話すことが思いつかない場合でも，これらの①〜④の枠組みが頭に入っているとおのずと話題がでてきます。また，この枠組みを使うことで相手にも質問しやすくなるでしょう。**日頃からニュースや新聞などでアンテナを張って，自分が「へえ」と思うことを増やしておくと話題に事欠きません。**

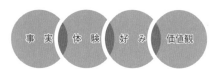

図 1-1　自己開示の4つの枠組み

●自分が興味のあることを話す

　何を話したらいいのか話題を選ぶのは難しく感じる人もいるかもしれませんが，大事なことはみなさん自身がおもしろいと感じていることを話すことです。おもしろいというのは大笑いするようなことではなく，**日常の些細なことで感心したこと**，「へえ〜」と思ったことなど何でも構いません。話し手自身が興味をもっていることが聞き手にとっては一番おもしろい話になります。逆に，

本当は興味がないことを相手に興味をもって聞いてもらうのはプロでない限り難しいものです。自分の得意分野から相手にも役立つような話題を選ぶのが一番簡単かもしません。たとえば，コーヒーが好きな人なら，コーヒーは一日のうちいつ飲むと身体によいのか，他の飲み物とどう違うのか知っていると，コーヒーを飲まない人にも興味をもってもらえるでしょう。知らない内容でも自分にとって知っておくとためになることが含まれていれば自然と聞き手は聞いてくれるものです。**聞いている時にもにこやかにうなずいて，相手の言いたいことに興味を示しましょう。**話を聞こうとすることで相手と仲良くなりたいことを伝えることができます。

●共通点を見出す

誰しも他の人と共通点を見つけるとほっとしたり，親近感をもつことが多いものです。誰でも経験するような事柄について話すと，「私もこういうことがあった」と話が膨らみます。一方，自分しか知らないことは「へえ，そうなんだ」と話が止まることもあるため聞き手が興味をもつことを考えてみてください。この時に，相手に質問をするのも有効です。「＊＊について知っていますか？」「＊＊に興味はありますか？」と途中で相手に聞くことで，**相手の興味関心の程度を知り，その答えに合わせて会話の内容を変えることができます。**たとえば，「知ってる！」「それ好きだったんだ」というように肯定的な返事があれば，「どの辺が好き？」「なんで知ってるの？」というように，その話題について話を掘り下げましょう。逆に「へえ〜」「初めて聞いた」というような反応だったら，簡単に説明して，他に相手が関心がありそうな話題を探すのもよいでしょう。特にそのつもりはなくても，聞き手から自慢話だと思われると反感を買ったり，話をする気を失わせてしまうこともあります。自分をアピールすることも大事ですが，**あくまで他の人と心地よい関係を構築することを目的に，何をどう話すとよいか考えてみましょう。**

●人見知りは治る

人と話すことが好きな人もいれば，できれば一人でいたい，話すのは苦手という人もいるかもしれません。「私は人見知りだ」という人はますが，大部分は経験が少ないだけのことが多いです。話をするのに特別な才能は必要ありません。**自分の言いたいことを相手の反応を見ながら楽しく話して，相手の話を楽しく聞くことができればそれで十分です。**私は人見知りだと決めつけず，早いうちに自分から場数を踏んで，自分なりの話し方を見つければ他の人と話すのが楽になるでしょう。性格を変えるのではなく，必要な時に必要なやり方で他の人とコミュニケーションがとれればいいのです。

人見知りの人は話しかけられるのを待つ傾向があります。自分の好きな話題なら相手に聞きやすくなります。ぜひ自分から積極的に話しかけて，話し合いを始められるようになってください。日頃から家族や友人との話の中で，「そういえばこういうことがあったんだけど」と，新しい話題を始める練習が役に立ちます。人と話すのが好きな人はこれまで話したことのないような人とも日本語に限らず多言語を勉強してどんどん話をしてみましょう。

> **ポイント！**
> - 「事実」「体験」「好み」「価値観」について自己開示することで仲良くなる
> - 自分の興味のあることが相手にとっておもしろいことである
> - 相手との共通点を探すと話が広がりやすい

1-6 Step 1-A：司会をしよう

予習ワーク
☞ p.52

●司会者の仕事

　司会者の役割はグループのメンバーが時間内に充実したディスカッションができるように努めることです。司会者は，話をまとめることに重点を置いた「議事進行役」や，話し合いを円滑に進めることに重点を置いた「ファシリテーター」などと呼ばれることもあります。司会者になったら実際におこなわれている話し合いを天井から眺めてみるつもりで俯瞰してみましょう。みんながゴールに向かっているか確認したり，話し合いを妨げる要因があれば介入したり，自覚を促したりと，さまざまな仕事があります。話し合いをしているとその話し合いだけに集中してしまいがちですが，それと同時に「今やるべきことは何かな」とか，「時間は間に合うかな」ということも考える必要があります。

　みんなが議論に集中するために司会者がいると安心です。司会者にならない場合でも，司会者の仕事を理解しておくと協力できます。司会者の主な仕事として3つが挙げられます。1つは時間の管理です。2つ目はメンバーへの配慮と意見の整理です。3つ目はメンバーの雰囲気をよくすることです。以下に詳しく説明します。

●時間の管理

　ほとんどの話し合いには時間の制限がありますが，**時間が長くても短くてもやらなければならないことは決まっています**。そのやるべきことを時間内に収められるように誰かが時間を見ながら話し合いを進めていく必要があります。司会者は仕事が多いので，時間の経過をチェックするタイムキーパーを決めると時間の管理がうまくいきます。

　制限時間内に終わるように進捗状況をチェックしましょう。時間は大事でみんなのものなので，時間通りにはじめて，時間通りに終わるのがマナーです。意見交換が始まると時間の管理が難しくなるため，**あらかじめ予定表を作りましょう**。制限時間内に何を何分間でおこなうかおおよその時間を決めます。**1-1**（☞ p.10）で Step 0 から 6 までのディスカッションの流れについて学びました。この7つの分類は時間配分を考えるには細かすぎるため，持ち時間が60分だとしたら，**60分を大まかに「序論・本論・結論」に3分割します**。序論とは話し合いの準備段階のことです。本論は主要な話し合いの部分，結論はまとめになります。この分け方をすることで大まかに時間配分を考えることができます。時間の目安としては，持ち時間が60分であれば序論10分，本論40分，結論10分程度が目安となるでしょう。慣れてきたら，詳細のステップの時間配分も考えてみましょう。以下にそれぞれの時間の要点をまとめます。知らない人にも説明できるようにしましょう。

- **序　論**：テーマや論題を確認して，どんな話し合いをするか，議論に必要な前提知識や定義や，時間配分，みんなの心がまえなどについて考えます。知らないメンバーであれば簡単に自己紹介をしましょう。序論でやるべきことが終わり，メンバーの同意が得られたら速やかに本論に移りましょう。
- **本　論**：本題の話し合いに入ります。最初にメンバーの意見を共有しましょう。その際，賛成側・反対側の立場に分かれて意見を発表すると理解しやすいです。その後，それぞれに反論し

事実や前提の検証をおこない，意見同士の比較，優位性の検討，当初の案以外のアイデアがないか検討します。
- ●結　論：本論ででた内容をまとめます。当初の目的に立ち返って，目的を達成するために何が最適か考えましょう。**メンバーがどの点に合意できて，どの点に合意できなかったのかを明確にしましょう。**今後の課題や次の予定を確認して，**お互いの協力に感謝をして終わります。**

●メンバーへの配慮と意見の整理

　グループのみんなが平等に話しているかに気を配りましょう。誰かに発言が偏っていれば，「それでは他の人の意見を聞いてみましょう」「この点はAさんはどう思いますか？」などと他の人に話を振ります。その前に「私はこのように思うのですが」と司会者の意見を挟むのも有効です。みんなが黙ってしまったら同じように発言を促しましょう。この場合，強制的に発言させると逆に発言しにくくなることもあるため，相手の様子を見て，目が合った人や，余裕がありそうな人にお願いしましょう。話が盛り上がりすぎて脱線しそうな場合は，「Bさんの意見についてご意見ある方はいらっしゃいますか？」などメンバーの意見を糸口に話を軌道に戻します。

　もし一人で長く話しすぎて困る人が出てくる場合は，直接注意することも時には必要です。**みんなの限られた時間を有効に使えるように，あらかじめ想定できる問題はルールとして決めておくとよいでしょう**（グランドルール**1-7**（☞ p.22））。はじめにみんなでルールを共有しておけば，逸脱した時に注意しやすくなります。司会者になったら，自分の発言も大事ですが，それと同時にメンバーの様子にも気を配らなければなりません。メンバーの表情や態度などの非言語メッセージをよく見て対応しましょう。メンバーの口数が少なくなったなと思ったら，「では3分だけ一人で考えてみましょう」というように，個人で考える時間をとるのも有効です。

●雰囲気づくり

　上記の「メンバーへの配慮と意見の整理」と関連していますが，グループの雰囲気が悪いと話しづらくなるので，攻撃的な発言があればたしなめたり，みんなが和やかな雰囲気で話し合えるように配慮します。初めて会った人が多いとお互い自分がどのような位置づけなのかがわかるまで不安になります。**司会者はその点に配慮して積極的に自己開示し，まずは自分のことを知ってもらえるようにしましょう。**そして，他のメンバーがどのような人たちなのか紹介するなどして，趣味や今の気分など，共通点を探すことから話を始めるといいでしょう。

　グループ内で役割ができるとグループとしての一体感が生まれやすくなります。書記などの実際の仕事に加えて，「話を盛り上げるのが得意」「話をよく聞くのが得意」など話し合いでお互いが得意なことを伝えあうのも有効です。それと同時に，**苦手なこともグループで共有すると親近感が増します。**「ついつい熱っぽくなる」「じっくり考えたい方」など，自分の傾向を掴んで他者にあらかじめ伝えることでお互いの関係をよくすることができます。簡単な自己紹介の後にみんなが打ち解けられるよう，話の内容や役割分担について配慮してください。

> **ポイント！**
> - ●司会者の仕事は①時間管理，②メンバーへの配慮，③雰囲気づくりの3つがある
> - ●時間管理にはタイムキーパー係がいると安心
> - ●司会者でなくとも司会者が仕事をしやすいように協力する

1-7 Step 1-B：グランドルール

予習ワーク
☞ p.54

●グランドルールとは

　グランドルールとは，会議や話し合いなどをスムーズに進めるためにあらかじめみんなで共有しておくルールのことです。グランドルールがなくても話し合いはできますが，慣れないうちは話し合いの準備の段階でルールを作ると話し合いがしやすくなります。ルールを作成する人は司会者であったり，全員で決めることもあります。**最初にグループでルールを共有することで，よくある問題を事前に防ぎ，効率よく話し合いを進めることができます**（**1-6** ☞ p.21：「司会をしよう」参照）。グランドルールの内容は多種多様ですが，一例を表1-2に示します。ルールの数に決まりはありませんが，みんなが議論中でも確認可能な1〜10くらいのルールが適当でしょう。大切なことに集中したい場合は1〜3つがいいでしょう。グランドルールを知らない人がいる場合は，「こういうルールにすると話し合いがスムーズに進むと思うよ」という感じでみんなで決まりを作ることを提案してみましょう。

表1-2　グランドルールの例

カテゴリー	内　容
時　　間	一人の発言時間を2分以内にする／時間内に会議を終える
聞 き 方	相手の目を見て聞く／うなずく／メモを取りながら聞く／最後まで聞く
話 し 方	はきはき話す／相手の発言をさえぎらない／大きな声で話す
主張の内容	理由がわかるように話す／他の意見と関連づけて話す／みんなの意見を尊重する
雰 囲 気	明るい表情で話す／ほおづえをついたり，腕組みをしたりしない
話し合い	話の流れを確認する／関係のない話をしない
気分よく話す	攻撃的にならない／相手の意見を否定しない

●グランドルールを使ったディスカッションの進め方

　グループでファシリテーターを1人決めます。ファシリテーターとは，話し合いの内容を深める人で，司会者が兼ねることもあります。やりたい人がファシリテーターを務めるのもいいですが，メンバーからの推薦もよいでしょう。**ファシリテーターに立候補する場合は，独断的にならないように，他にやりたい人がいないかメンバーの様子をよく見ながら進めてください**。ファシリテーター役が決まったら，ファシリテーターはグランドルールをみんなで確認します。グループで作成する場合はルールの数を決めた上でまず一人一つずつ考えた後，それを持ち寄って最終的に何を残すか考えてください。グランドルール自体がメンバーに重要だと認識されなければ効果は上がりません。司会者がルールをみんなで守れるかどうか，不要なものはないかについて確認し，みんなが同意できるルールを作成しましょう。議論中に忘れないように，ルールを書いた紙はみんなが見える所に置いたり張っておいたりすると効果的です。

●グランドルールの共有と徹底

　みんなで決めたルールに基づいて話し合いを進めていきます。もしルールを破っている人がいた

ら，ファシリテーターやその他の人はルールを破っているよということを伝える必要があります。声に出すと発言をさえぎることになる場合は，だまってルールを指さすなど，ジェスチャーで相手にわかるようにするとよいでしょう。**ルールがあることで，誰かが指摘しているわけではなく，グループとしてルールを大事にしているという点から問題を解決しやすくなります。**ルールは基本的な約束事にすぎないため，ファシリテーターはディスカッションが円滑に進むように話し手のサポートをしたり，和やかな雰囲気になるように配慮しましょう。ファシリテーターが気をつける点は以下3点にまとめられます。

- **グランドルールの遵守**：ルールを守らない人がいたら気をつけるように指摘しましょう。
- **発言者の内容がわかりにくい場合**：「つまり，これはこういうことですか」などうまく内容をくみ取ってあげましょう。発言者が主張の型をきちんと押さえているか確認してください。
- **メンバー全員が主体的に参加**：みんなが楽しく議論できるように，発言する人に偏りがないか全体に配慮しましょう。

●グランドルールを修正する

グランドルールは何回かおこなわれる話し合いにおいては**定期的に見直す必要があります**。なぜなら，グループでの話し合いを通してグループも成長するため，ルールを明示しなくても問題がなくなることもあるからです。その時点でメンバーが苦手なことに焦点を絞ってグランドルールを作成しましょう。そのためには，事前にどのような問題が起こり得るのかを想定することが役立ちます。日頃から人と話すときに「こういう話し合いは嫌だな」とか「こういう風に発言するとうまくいくな」といったような経験を踏まえた知見を増やしていきましょう。小さな積み重ねが財産となって，グループでのディスカッションにおいても役立ってくれるはずです。**メンバーのちょっとした気づきをルール化して，みんなの学びに替えましょう。**

●グランドルールは個人的にも使える

グランドルールはグループでのディスカッションがうまくいくように使われるものですが，それはメンバー一人ひとりのスキルを上げることにもつながります。そのため，**グランドルールを通して個人的なスキルを伸ばしていくという考え方が重要です**。たとえば，グランドルールに「相手の発言をさえぎらない」という項目があるとすれば，その話し合い中だけで気をつけるのではなく，特にルールがない場面においてもそのルールを気に留めることで，日頃からバランスのとれた話し方ができるようになるでしょう。**グループの問題は個人の問題から発生していることもあります。**自分が誰かの話し合いを邪魔していないか，客観的な視点が必要です。

ポイント！
- 話し合いが始まる前に予想される問題をグループで共有し，ルールを考える
- グラウンドルールを決めるとグループでディスカッションを進めやすい
- グラウンドルールは一人でも使える

1-8 Step 2-A：テーマの分析

予習ワーク
☞ p.56

●話し合いの準備

　グループでの話し合いはさまざまな意見が出て楽しいものですが，しっかり最初に前提条件ややるべきことを確認してから話し始めないと収拾がつかなくなります。話し合いの最初にやるべきことは，①「テーマの分析」，②「論点の洗い出し」，③「論点の整理」，④「論点の絞り込み」の4つがあります。司会者になった場合は，それぞれのステップの進捗状況と時間を考えて進めます。この章では①テーマの分析について学びます。

　テーマの分析は話し合いの内容を決める最も重要な段階です。テーマの分析とは「何を話すべきか」を考えることです。テーマが決まったら，そのテーマに含まれる用語や定義を調べて，テーマの分析をおこないます。最初の出発地点がずれると話し合いを修正するのが難しくなるため最初が肝心です。**テーマの分析が終わって段階が進んでいっても，テーマの分析まで戻って考えると初心を忘れず，議論のブレを防ぐことができます。**はじめにどんな論点が考えられるのか，テーマの解釈をできるだけたくさん挙げて，どのような事柄が含まれるかリストにしてみましょう。

①テーマの分析 ➡ ②論点の洗い出し ➡ ③論点の整理 ➡ ④論点の絞り込み

図1-2　話し合いの準備：テーマの分析から絞り込みへ

●目的を考える

　どのようなテーマでも，何のためにその話し合いをするのかを最初に明確にすると議論がスムーズに進みます。たとえば，「ある企業の売り上げを上げるため」や「あるサークルの部員を増やすため」などです。議論が進むと細かい箇所が気になって議論が詳細に陥りがちなので，あらかじめ大きな目的を共有し，途中で思い出すことで話すべきことがみえてきます。何のために話し合っているのかわからなくならないように，常に目的に立ち返る必要があります。目的は複数あると話し合いが難しくなるため，最も重要な目的を1つに絞った方が議論をまとめやすいです。

●対象を考える

　話し合いの目的を考えたら，次はその話し合いに含まれる対象を考えてみましょう。たとえば，「ある企業の売り上げを上げるため」であれば，その企業はもちろんのこと，その企業に勤める従業員や関係者だけでなく，ライバル企業や，顧客，ひいては社会全体が含まれることもあるかもしれません。このように，**一つのテーマであっても多様な対象が関連しています。**あらかじめその対象を洗い出すことで，議論の漏れを防ぎます。

●定義を考える

話し合いの目的と対象がみえてきたら、そのテーマに含まれる重要な語句の定義を考えましょう。定義とは、物事の意味・内容を他と区別できるように、ことばで明確に限定することです。ことばを定義することによって、議論すべき対象が具体的になるため、**何をどう定義するかということは議論において非常に重要**です。あいまいな部分を残して議論をはじめると、途中で混乱して、みんなのやる気がなくなることもあります。あらかじめみんなが同じ出発点に立ち、みんなが納得できるゴールを目指せるように準備をおこないましょう。

●議論の3つの論題

議論には政策論題と価値論題、事実論題の3つの種類の論題があり、考え方やアプローチが異なります。ディスカッションにおいては必ずしもこの形で提示されることはないかもしれませんが、議論の基本的なテーマの分析方法を知っておくと応用が利きます。

①**政策論題**：テーマに「〜すべきである（should）」ということばが入っている場合は、**現状と計画案を採択した結果の比較が基本**になります。出発点として、現状に問題があるのか、問題がないのか考えてみましょう。その上で、計画案を採択すると問題がなくなるのか、現状維持なのか、問題がむしろ起こるのか考えてみましょう。現状と計画案を採択した世界は同じですが、同時には成り立たないため時間のずれが生じます。議論する際には、その時間のズレも考慮に入れると現実的な議論になるでしょう。

②**価値論題**：価値を表す「よい（good）」「重要である（important）」のようなことばが入っている場合は価値の議論になります。このようなテーマでは**正解はありませんので、どこにどのように価値を置くのかというのが議論で重要なポイント**になります。その際、ある程度、制約を設けないと話し合いにならないので、はじめに誰のため（対象）かを具体的に絞ると話しやすくなるでしょう。個人的にはどちらでもよいけれど、この人のためならばこうしたほうがいいのではないかという議論ができるはずです。

③**事実論題**：事実論題は、事実関係の証明が中心となります。「AはBである」という形でテーマが示されている場合は、AとBの関係を根拠を用いて証明しなければならないため、豊富な知識や情報が必要です。主なアプローチとしては、論点を1つに絞って証明を深めていく方法と、できるだけたくさん多様な根拠を挙げる方法があります。いずれにせよ、「AはBである」ことを証明できる根拠や、逆に「AはBでない」ことを証明できる根拠を多角的に探してみましょう。

ポイント！
- 話し合いの準備には4つのプロセスがある
- テーマの分析ではテーマの目的、対象、定義を考える
- 政策論題、価値論題、事実論題の3つの種類の考え方のアプローチが役に立つ

1-9 予習ワーク ☞ p.58
Step 2-B：アイデアを広げて絞り込む

●「① テーマの分析」の後にやるべきこと

　テーマの分析で大まかに何を話すべきか話し合いの方向性が確認できたら，「②論点の洗い出し」「③論点の整理」「④論点の絞り込み」に進みます。本章ではそれぞれの段階で気をつけるべき点について学びます。

●「② 論点の洗い出し」

　テーマを聞いてすぐに頭にひらめいたことだけで議論しようとすると視点が限定されます。あるテーマについて話す際には論点の洗い出しという作業が重要です。そのテーマに関連するあらゆる論点を検討することで話すべき事柄がみえてきます。そのため，**最初はアイデアの質ではなく量を出すことが大事です**。論点の洗い出しにはKJ法が効果的です。KJ法とは川喜田次郎氏が考案した方法です。テーマが理解できたら，KJ法に基づいて，制限時間10分ほどでグループで分担してアイデアをカードや付箋にできるだけたくさん書きましょう。この時，ひらめいたものは何でも書いて構いません。無駄なもの，一見関係ないものでも大丈夫です。アイデアを書いたらそれを張っておく模造紙やホワイトボードを用意しておくとよいでしょう。制限時間がきたら，いったん出されたアイデアを確認します。その後5分ほど時間をとって，すでにあるアイデアを参考に再度アイデアを出します。制限時間がきたら論点の整理に移りましょう。

●「③ 論点の整理」

　上記に述べた「② 論点の洗い出し」が終わったら，似たようなものを近くに配置して，丸で囲ってグループにまとめましょう。そうすると，大きなグループがいくつかできたはずです。そのグループに名前をつけてみましょう。だいたいグループの中の内容が包括されるような名前であればこだわる必要はありません。**そのまとまりが論点になることが多いです**。論点は複数あった方がよいので，少ないようであれば増やしてみましょう。論点を整理する際に，論点を賛成意見と反対意見と，場合によっては中立に分類してみます。そして，それぞれの主張に対して反論を考えてみます。どのような立場で述べられているかによって論点を整理する方法は問題の全体像を掴むのに効果的です。

●「④ 論点の絞り込み」

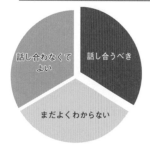

図1-3　論点の絞り込み

　論点の整理ができたら，その中から「話し合うべき内容」と「話し合わなくてもよい内容」に分けましょう。たくさん論点があって決めきれない場合は，「まだよくわからないもの」として置いておきます。話し合うべき内容をおおまかに話し合ったところで，「まだよくわからない」論点をみんなで確認しましょう。一度話し合いをすると，その論点が重要なのか重要ではないのかが前よりもはっきりわかるようになります。このような論点の整理には図で表してみることが役立ち

ます。メンバー全員で紙を見て図を自由に描きながら,「ああだ」「こうだ」と話し合って意見をまとめていくのも効果的です。考えるのが難しい場合は,よく使われる図を使うことでまとめやすくなります(**1-13** ☞ p.34「議論を構造化する」参照)。考えを派生させるプロセスを他者と共有することで,お互いにさらに刺激し合うことができ,新しいアイデアが生まれます。この段階で自分の考えを文章にまとめると論点がより明らかになります。

●テーマの出題の意図を考える

　テーマが出された時には多かれ少なかれ出題者の意図があるはずです。本格的に話し合う前にテーマがどのような意図で作られたかを考えることがテーマの理解に役立ちます。大学生を対象としたグループ・ディスカッションの場合,専門的な意見は求められていないことがほとんどです。むしろ,**新鮮で若者らしい将来のある意見を期待されることが多いでしょう。**そのため,じっくり熟慮して論理的に正確な意見を出すというよりは,論理性に欠けた部分があってもその人らしさが垣間見えるような,自身の経験に則した意見やアイデアが含まれる活発な議論が期待されています。状況をよく見て,背伸びしすぎずに等身大で取り組んでください。

●ことばからアイデアが広がる

　あるテーマについて話したり考えたりする際に,はじめに頭の中に浮かんだ考えを膨らませたり,違うところからみてみたり,裏返しにしてみることで,その問題の全体像を探ることができます。たとえば,「制服を廃止すべき」という論題について,「制服はかわいい」というアイデアが浮かんだら,逆にしてみます。「制服はかわいくない」。そうすると,制服と一言にいってもどこの学校の制服かによって話が変わることが予想できます。逆に「私服だと楽しい」という意見が浮かんだら,確かに好きな服を着ていけるのは楽しいけれど,毎日になると選ぶのに時間がかかったり,お金がかかるため「私服は楽しくない」ということになるでしょう。**このように考えを言葉にして,言葉を変えて広げることで,その理由となるアイデアは後から思い浮かんできます。**

●考えを可視化する

　上記に述べた作業は頭の中でおこなわれるため目で確認できず,考えたプロセスを正確に把握することは難しいものです。きちんとメモをしておかないと,その場から忘れてしまいます。そこでアイデアを広げていくためには,何らかの方法で考えを可視化する必要があります。**そうすれば,その考えはもう頭の外部にモノとして存在しているので,その前の考えを忘れないように努力する必要がなくなるため,新しい考えに集中することができ,結果としてよいアイデアを出すことができます。**個人でメモをとるのもいいですが,グループで一枚の紙を用意し,その紙を全員で見ながら書記が考えをまとめていくと,まとめる過程で全員の考えを共有でき,論点を整理しやすくなります。

ポイント!
- できるだけたくさん論点を出してから整理し,重要な内容を絞り込む
- 出題者の意図を考える
- アイデアを広げるには「ことば」を見直し,視覚的に表してみる

1-10 Step 3-A：話し合いのステップ

予習ワーク
☞ p.60

●会話の最小単位：3つの段階「始める」「膨らませる」「終える」

ディスカッションでは普段の会話と同じように，話を「始める」段階，話を「膨らませる」段階，話を「終える」段階があります。「始める」段階は，どちらかが話題を切り出します。話を「膨らませる」段階は，その話題について双方が自分の意見や考えを述べます。最後に「終える」段階では，その話題についての意見をまとめたり，結論をだしたりして話題を終えます。この段階は一つの話題について話をする最小単位と考えてよいでしょう。話の展開だけに集中しすぎず，相手のことを理解するために相手のことをしっかり観察しましょう。

●短い会話をしてみる

表1-3 短い会話のステップ

	内容
段階1	新しい話題を振る
段階2	意見を交換する
段階3	話を終わらせる

上記で述べた3つの段階に従ったAさんとBさんの会話の例を挙げます。段階1は「新しい話題を振る」，段階2は「意見を交換する」，段階3は「話を終わらせる」です。

A：そういえば，今日満月だって。 ……………………【段階1　新しい話題を振る】
B：そうなんだ，知らなかった。
A：満月の日に願い事をすると叶うらしいよ。 ……………【段階2　意見を交換する】
B：そんなことはじめて聞いたよ。
A：この前，資格試験受けてたね。今日の夜お祈りしてみたら？
B：そうだね。合格するといいな。
A：Bさんの分もお祈りしておくね。 ……………………【段階3　話を終わらせる】
B：ありがとう。

●話題を選ぶ【段階1　新しい話題を振る】

普段，友達と会話する時はどんな話題でも問題になることは少ないですが，フォーマルな場で相手が親しくない場合は何を話題に選ぶかがその後の話し合いだけでなく，人間関係まで影響を及ぼすこともあります。この話題が適切かどうか，話題を振る前に一度考えてみましょう。まず，相手が嫌なことや不快になることが含まれていないでしょうか。人の感じ方をあらかじめ予測するのは難しいため，親しくない相手と話す際には無難な話題を選んでおくとよいでしょう。一般的に個人の信条に関わる宗教や政治の話は難しいとされています。

はじめはプライベートに入りすぎないように，天気や気候，季節の行事など，お互いに共通する内容を選ぶと差しさわりがありません。日本は四季があり，気候が変わりやすいので，着るものや食べ物や体調など，その時に合った話題は簡単に見つかるでしょう。誰しもネガティブな話よりもポジティブな話の方がうれしいため，人の悪口などは避けて，楽しく前向きな気分になれる話が好

ましいでしょう。聴き手の様子をよく見て，話しながらも相手が嫌な気持ちになっていないか注意してください。

●相手に話してもらう【段階2　意見を交換する】

　自分が楽しく話すことも大事ですが，それと同じかそれ以上に相手に話してもらう努力も大事です。相手の話を聞くことによって相手をより深く理解することができます。話題が決まったら，自分の考えを伝えつつ，「これについてどう思う？」「AとBどっちだと思う？」などと相手の意見を聞いてみましょう。その時，自分の考えを言ってから相手の意見を聞くと，相手は自分に関心をもってもらい嬉しく感じます。相手に話を振って相手がたくさん話してくれたら，その流れに沿ってさらに質問したり，自分の意見を加えて話を発展させてみましょう。相手が話しづらそうにしたら，いったんその話題をやめて，新しい話題を提示するのも思いやりです。人は話したいことは話しますが，話したくないことは言葉が少なくなるものです。

●次の話題にいくか掘り下げるか【段階2　意見を交換する】

　普段の会話では何かテーマが決まっているわけではなく，話し手と聞き手が自由に役割を交代しながら相互にテーマを持ち出すことで会話を成立させます。一方，会議の場合は自由気ままにみんながテーマを変えていては時間内に結論が出ないため論理的に話を進める必要があります。前のテーマと関連がある場合は，「今話したことと関連して……」などと切り出します。前のテーマと関連がない場合は，「その話とは関係ないのですが……」といったん断ってから話を切り出したり，「そういえば」「ところで」というように話を切り出す方法があります。いずれにせよ，テーマの変更は話し合い全体に大きな変化をもたらすため，テーマを変えようとしていることを相手にしっかり伝えることが大事です。

　会話の一単位が終わったら次の会話を始めてもいいですが，もう少し関連する話題について掘り下げることもできます。「なんでそうなるのかな？」「もっとよくするためにはどうしたらよかったんだろう」など，次の会話として前の会話の続きを考えてみましょう。フォーマルな場面ではこれから「もう少しこの話を掘り下げる」ことを他のメンバーに予告して，自分が話そうとしていることがみんなにわかるように伝えましょう。

●話を終える【段階3　話を終わらせる】

　話を終える方法に決まったやり方はありません。これ以上，その話をしないことを相手にわかるように伝えれば，その話題を終えることになります。たとえば，「ありがとう」という感謝は「自分が知りたいことはもうわかったよ」という満足を示すことで会話を終えることができます。「もうこの話題をやめよう」というのはわかりやすいです。この他，「私はこう思っていたけれど，あなたの意見を聞いて考えが変わったよ」など，何かしらの会話による変化の結果を伝えることで会話の終わりを告げることができます。決定打を打たなくとも，何となく沈黙が続き会話が落ち着いたところが話題の終わりになることも多いでしょう。

> ポイント！
> ●会話の最小単位である3つのステップ「始める」「膨らませる」「終える」を意識する
> ●いったん話が終わったら，次の話題に移るか，掘り下げるか考える
> ●話を終える時にはいきなり終えるのではなく，徐々に終わる準備をする

1-11 Step 3-B：意見交換しよう

予習ワーク
☞ p.62

●自分の考えをわかりやすく伝えるためには

　話し合いの準備が終わったら，メンバー全員が順番に自分の意見をグループのみんなに伝えます。どの人がどういう考えをもっているかがわかったら，次にお互いに質問や反論をして考えを理解を深めます。意見交換では自分の意見を相手にわかりやすく伝えることが重要です。**自分の意見を相手にわかりやすく伝えるには，内容と伝え方を分けて考えることが役に立ちます。**それぞれの重要な点を表1-4に示しました。「内容」はテーマについて考えた結果をまとめる作業です。「伝え方」は内容を相手に適切に伝わるように，相手の様子を見ながら工夫する作業です。**内容がよくても伝わらなければもったいないですし，内容がないのに誇張しては信頼してもらえなくなります。**人によってどちらかがより得意ということが多いですが，どちらかがよければいいというわけではなく，内容と伝え方のバランスが重要です。

表1-4 「内容」と「伝え方」のポイント

種類	気をつける点
内容 (matter)	「主張＋理由＋例＋結論」の主張の型が役立ちます。まず初めに，何が言いたいのかを相手に伝えましょう。その理由を述べます。それだけでは相手に伝わらないこともあるので，具体例を出してみましょう。最後に結論を述べます。
伝え方 (manner)	「声の大きさ」「話すスピード」「声のトーン」「間の取り方」「アイコンタクト」の5つは話す人が気を付けるべき共通点です。自分の話が相手にどのように伝わっているかを常に考えながら，伝え方を確認し修正する習慣をつけましょう。

●説得力を構成する3要素

　自分の意見を伝える時には意見の説得力を高めることが1つの目標になるでしょう。説得力に必要な要素として，(1) 話の論理性（内容），(2) 熱意（伝え方），(3) 人柄，の3つがあります。(1) と (2) は上記に述べた通りです。説得力のある意見にするためには，話の内容をしっかりわかりやすく伝えるのはもちろんのことですが，同時に話している話し手自身がどんな人かを他の人から評価されていることを意識することも重要です。話し手は信頼に値するかどうか，嘘をついていないかといった人となりの判断も説得力を決める土台となります。相手を不快にしないように**身だしなみや顔の表情に気をつけ，ふるまいや服装は常識やルールから外れていないかという視点が大事**です。また**適切な言葉遣いや語彙力，知識**は (1) ～ (3) の3つの要素すべてに関係します。

●相手の聞く力を確かめる

　自分が一生懸命に論理的に話しても，相手に聞く耳がなければ意思疎通ははかれません。話し手はできるだけ論理的に話すように努力すると同時に，**聞き手に合わせて話を変える余裕をもつ必要があります。**はじめに前提や前提知識が大きく違わないか，「＊＊についてご存知ですか？」「＊＊について聞いたことがありますか？」と相手にたずねるのも有効です。この答えによって，これか

ら話す内容をその人に合わせて変えることができます。内容を知らない相手であれば全体像を示す必要がありますし，すでによく知っている人に対してであれば，すぐに詳細に入っても問題はないでしょう。もし知らない人であれば「深く理解できなくていいから感想を教えてほしい」「改善したいのでコメントがほしい」など，このようなスタンスで聞いてほしいと，**相手に聞き方を自ら呈示する方法もあります**。

●理解するとは理解していないことを理解すること

相手の話を聞いてすべて納得できる場合とそうでない場合があります。真に相手の意見を理解するということは，**自分がどの範囲は理解できて，どの範囲は理解できていないのかを知ること**でもあります。理解できていないことを自分で知るためには，「**相手の意見が自分と同じか違うか**」という視点が役に立ちます。相手に自分の意見を理解してもらうことは重要ですが，理解されなかったとしてもそこから話し合いがはじまります。

相手に反論されたら諦めるのではなく，その指摘をたたき台にして「そうかもしれないけれど」と新たな側面から説明することに話し合いの醍醐味があります。議論には，「**議論をしている人**」**と**「**議論の内容**」**を区別することが重要です**。誰かに批判されたとしてもそれは意見に対する批判で，人格が否定されたわけではありません。しかし，実際にはこの区別は難しいものです。「難しい」という前提に立った上で，相手を尊重する方法を考えてみましょう。

●相手の考えに反論するための型

意見の表明が終わったら，お互いに思ったことを伝えましょう。完全に同じ場合は少ないため，納得した部分と納得しなかった部分を分けて伝えてみましょう。相手の意見は違うのではないかと思ったら，反論を伝える時には以下の型が役立ちます。はじめに，**今からどこに反論をしようとしているのか伝えましょう**。その後，相手の意見に対する自分の考えを簡潔に述べます。反論を強くするために必要であれば例やデータを示します。最後に結論を言います。

●相手の気持ちに配慮して反論を伝えよう

反論は議論の弱いところを指摘するため反論されると嫌な気分になる人もいるかもしれませんが，反論を恐れていては話し合いができなくなります。反論は意見をよりよくするためにとても重要なもので，お互いの理解を深めるチャンスです。まずは相手の意見で納得できるところやよいところを認めましょう。その上で，「こうすればさらによくなるのではないか」と指摘すれば嫌な気分になることは少なくなるでしょう。言いにくいことを伝えることを学ぶのも大事なことです。**何事も言い方や順番次第で相手の受け取り方は変わってきます**。自分で気づいていない感情や思いが相手に伝わってしまうこともあるので伝え方には十分に気をつけましょう。

ポイント！
- 自分の意見を伝える時には内容と伝え方に気をつける
- 説得力は論理性と熱意と話し手の人格で成り立っている
- 相手の意見との兼ね合いで自分の言いたいことが明らかになる

1-12 Step 3-C：質問しよう

予習ワーク
☞ p.64

◉質問で相手を理解しよう

　意見を聞いて1度で相手の言いたいことをすべて理解するのはなかなか難しいものです。話し手自身も聞き手と話しているうちに考えが少しずつ変化することがあります。そのため，**話し手と聞き手が質問というコミュニケーションをとることで相互理解を深めていく過程こそが重要です**。お互いに質問をしてみることで，相手がどこに疑問をもっているのか，それに対して自分がどのように考えているのかを相手に伝えることができます。質問は難しく考える必要はなく，「何でかな？」「もっと知りたいな」と思ったことを率直に聞いてみましょう。気軽に相手に質問をして，相手の回答を基にまた質問して，コミュニケーションを重ねていくことで相手を理解し，自分を理解してもらいましょう。

◉質疑応答の基本：オープンとクローズ

　質問にはクローズド・クエスチョンとオープン・クエスチョンの2種類があります。クローズド・クエスチョンは「はい」か「いいえ」で答えられるものです。たとえば，「あなたには兄弟はいますか？」「お寿司は好きですか？」などです。一方，オープン・クエスチョンはあなたの意見を自由に答えるものです。たとえば，「兄弟は何で必要だと思いますか？」「日本食は何が好きですか？」などです。「はい」か「いいえ」の方が回答しやすいため，クローズド・クエスチョンの方がオープン・クエスチョンよりも答えやすいといわれています。**最初にクローズド・クエスチョンで考えを聞いて，その回答を基にオープン・クエスチョンで詳しく聞くことも有効です**。

◉質疑応答の基本：5W1H

　質疑応答は5W1H，すなわちWho（誰が）／What（何を）／When（いつ）／Where（どこで）／Why（なぜ）／How（どのように）が基本となります。相手の話を聞く時にどこか抜けている点がないか注意しながら聞いてみましょう。足りない点を聞くことで自分の理解が深まります。たとえば映画の話題がでた場合，以下のような質問が考えられます。

　　　　Who（誰が）：その映画には誰がでていたんですか？
　　　What（何を）：何をテーマにした映画ですか？
　　　When（いつ）：その映画をいつ見たのですか？
　　Where（どこで）：その映画をどこで見たのですか？
　　　　Why（なぜ）：その映画をなぜ見たのですか？
　How（どのように）：その映画はどのようにして知ったのですか？

　Howには「いくらですか？」という質問も含まれます。5W1Hを使うと，自然と質問文を簡単に考えることができます。この質問により相手からの答えが返ってくることで会話が進むでしょう。しかし，質問ばかりしていては相手が自由に話す余地がなくなってしまいます。**あくまで質問は会話のきっかけとして使い，相手との会話のキャッチボールを楽しむことが大事です**。聞き方についても，「あなたの話に興味をもっているので教えてほしい」という気持ちで，問い詰めないよ

うに気をつけて楽しくコミュニケーションをとりましょう。

●主張の型に沿って質問する

内容について質問する際には，**1-11**（☞ p.30）で学んだ主張の型（「主張＋理由＋例＋結論」）に沿って質問すると考えやすくなります。以下のような質問が考えられます。

主　　　張：「あなたが言いたいことは何ですか？」「あなたの主張はこういうことですか？」
理　　　由：「なぜあなたはそう思うのですか？」「あなたがそう思う他の理由を教えてください」
例・データ：「具体例はありますか？」「主張を裏づける客観的なデータはありますか？」
結　　　論：「あなたが最終的に言いたいことは何ですか？」「あなたの結論を教えてください」

それぞれの項目に沿って質問を考えることで，主張の論理性をチェックすることにもなります。相手に質問するだけでなく，自分が話す前に自分自身に質問してみると，何が足りないのか人から指摘される前に気づくことができます。また，例やデータについては，「他の例はありますか？」「実際の経験に基づいた例はありますか？」「数字に裏づけられたデータはありますか？」「信頼できる情報源のデータはありますか？」など，根拠の質を問うこともできるため，さまざまなバリエーションがあります。自分の得意な質問のパターンをもっておくと便利です。

●質問の回答の聞き方

質問をしたら終わりではなく，相手が質問に対してどのように回答しているかしっかり聞いて相手を受け入れましょう。その際，「なるほど」「そうなんですね」といった声の大きさや速さなどを相手に合わせてあげるとコミュニケーションをとりやすくなります。聞き方によっては攻撃だと捉えられてしまったり，萎縮させてしまったりして，結果的に満足な答えが得られないこともあるからです。そうならないように，**相手の立場にたって聞かれたことに答えやすい雰囲気づくりを心がけましょう**。また質問した内容について必要であればメモをとると，整理したり回答しやすくなったりするだけでなく，**熱心に聞いていることを相手に伝えることができます**。

●答える時は簡潔に

質問する時だけでなく，質問に答える時にも気をつけることがあります。まず何を聞かれているかいったん頭の中で整理することです。即座に聞こえた言葉に反応して話してしまうと，しっかりした質問の回答になりません。落ち着いて質問の意味を考え，曖昧だったり自信がなかったりしたら，「質問内容はこういうことでしょうか？」というふうに質問してみましょう。質問を考えるのも大変なものです。**相手はわざわざ質問をしてくれているので質問されても焦らずむきにならず，質問しようとしてくれていることに対して感謝する気持ちが大事です**。意地悪な質問だと感じても，感情的にならずに質問の内容に集中すればトラブルを避けることができます。

ポイント！
- 質問はコミュニケーションの重要な一部である
- 自分が得意な質問のパターンをもっておく
- 質問に対しては誠実に，質問者には必ず感謝する

1-13 Step 4-A：議論を構造化する

予習ワーク ☞ p.66

●議論の整理に役立つ構図

　議論に参加しながら議論の内容を頭の中で整理するのは難しいため，図にまとめるとわかりやすくなります。意見をたくさん出す段階では発言することに専念して，一通り意見が出た後に図にまとめるとよいでしょう。表1-5に5つの型を紹介します。①ツリー型は物事の構成要素を明らかにすることができるため，要素をリスト化したり，問題点や課題を整理するのに効果的です。②マトリクス型は縦軸・横軸の2つの観点で整理します。複数の視点から比較をしたり，議論を網羅するのに役立ちます。③フロー型は物事が起こる順番に矢印でつなぐ構図です。時間の流れやプロセスを明らかにすることができます。④サークル型は同じ種類の物事を輪で囲んで示す構図です。項目同士の重複関係や相互関係を示すことができます。⑤Tチャートは2つの事項について分類することによって，それぞれの論点を比較しやすくなります。2つの事項は対立するものだけでなく，たとえば，「今やるべきこと」「将来やるべきこと」や，「メリット」「デメリット」なども使えます。日頃から考えたことを図に置き換えて理解する練習をしてみましょう。

表1-5　議論の整理に役立つ構図

タイプ	特徴	イメージ
①ツリー型	物事を大分類→中分類→小分類と階層的に整理する構図	
②マトリクス型（行列）	縦軸・横軸の2つの観点で整理する構図	
③フロー型	物事が起こる順番に矢印でつなぐ構図	
④サークル型	同じ種類の物事を輪で囲んで示す構図	
⑤Tチャート	2つの対立する事項について論点を比較する構図	

●議論の整理に役立つフレームワーク

　構図と同じように議論をまとめるのに役立つフレームワークというものがあります。フレームワ

ークとは切り口のことで、あらかじめ用意されているフレームワークに沿って議論をまとめることで、新たな考えが生まれたり、足りない点に気づくことができます。フレーワークはビジネスで使われることが多く、そのため大学生の議論にはなじまないものが多いですが、自社の部分を自分に置き換えて考えることもできます。ここでは一例としてSWOT分析と3Cを紹介します。

- **SWOT分析**：S=強み、W=弱み、O=機会、T=脅威の頭文字をとっています。自社を取り巻く環境による影響と、それに対する自社の現状を分析しながら、自社のビジネス機会を発見します。外部環境とは、政治動向、規制、経済・景気、社会動向、技術動向、業界環境の変化や顧客ニーズなど、自社の努力で変えられない要因を指します。**これら外部環境を分析して、機会（O）と脅威（T）を導き出します。**内部環境は、自社でコントロールできる要素であり、強み（S）と弱み（W）に当たります。

- **3C分析**：事業を行うビジネス環境を分析するために「市場、顧客：Customer」「競合：Competitor」「自社：Company」の3つのCを分析するものです。3つのCとは「市場や顧客のニーズの変化を知る」「競合が市場や顧客のニーズの変化にどのように対応しているかを知る」「自社が市場や顧客にニーズの変化に合わせ、競合の対応を鑑みながら、自社が成功する要因を見いだす」です。この分析は**事業ではなく個人やチームとして考える際にも応用できます。**

●議論をまとめる・振り返る

一通り議論したら、議論の流れを紙一枚にまとめてみましょう。紙にまとめる過程であまり注目されていなかったり、見落としていた点や誤解していた点が明らかになります。その際、なぜそうなったのか、なぜそうならなかったのかについても紙に詳細に書いてみるとよいでしょう。一例として、**賛成意見と反対意見を比較する形式で、時間の流れに沿って書く方法があります。**この形式を使うと、それぞれの論点が反論や意見交換を踏まえてどのように変化したのかがわかりやすくなります。大事なことはこの作業を全員で確認しながらおこなうことです。一人ひとりが個別に考えてまとめても独断的になってしまいます。図にまとめることが目的なのではなく、**図にまとめる過程で話し合いを振り返り、本当にみんなが言いたかったことは何か、解釈の違いはないか、言い残したことはないかを全員で確認することがこの作業の目的です。**

図ができたら、みんなで図を眺めながら議論を振り返りましょう。どのようなことが議論できて、どのようなことが議論できなかったか、あるいは結論が出なかったかがわかるはずです。また、お互いの主張を確認し、何が重要だったかも確認してみましょう。そして最終的に結論として何が言えるのか、また次に何を持ち越すべきかをみんなで確認します。

```
ポイント！
 ●議論を深めるためには図が役に立つ
 ●議論に役立つ構図とフレームワークがある
 ●議論を紙にまとめ、構造化した後に振り返るのが重要
```

1-14 Step 4-B・5：話し合いをまとめよう

予習ワーク
☞ p.68

●軌道修正（Step 4-B）

意見交換（Step 3）が終わったら，結論に向けて軌道修正（Step 4）をおこないます。意見交換をした後にすぐ結論を出すのではなく，結論を出す前に**軌道修正の可能性を模索する必要があります**。それでは軌道修正とは何でしょうか。ここでは軌道修正に必要な「①論点の見直し」「②新たな参考情報の提示」「③妥協点の模索」の3つのポイントを説明します。

①論点の見直し：さまざまな意見が出た後に，考え方を見直すことができるか検討します。
②新たな参考情報の提示：ある意見を出発点にして，他の新たな選択肢や代替案が採択できるか検討します。
③妥協点の模索：他の意見と関連させて，妥協できる点がないか検討します。

この3つはそれぞれのメンバーが自主的に考えてもいいでしょうし，司会者がグループ全体を見ながら進行してもよいでしょう。**重要なことはバラバラの意見を少しずつすり合わせて，グループ全体として結論が出せるよう協力することです**。みんなの心がけ次第で軌道修正の段階はスムーズに進みます。ただし，無理やり自分の意見を変えるのではなく，変えられる部分がないかを全員が公平に検討します。

| Step 3：意見交換 | → | Step 4：軌道修正 | → | Step 5：結論 |

図 1-4　意見交換から結論へ

●総括の型

軌道修正の段階では，表1-6に示した議論の総括の型が役立ちます。段階1では，納得できない部分があればp.31の反論の型を使って，出された反論に対して再反論しましょう。そのあと議論を振り返って，それぞれの主張がどんなものだったか整理し確認しましょう。そして，共通点と相違点を明らかにすることで2つの立場を比較します。その後，段階3では，自分の主張が優れていた点を取り上げ，相手の立場よりも優れている点を主張しましょう。最後に，結論を言います。この型はそのままディスカッションに使えないこともあるかもしれませんが，考え方は共通しています。自分と他者の相違点を明確にして，基準を定めて**自分の意見および相手の意見のどこに優位性があるかを考えます**。

表 1-6　総括の型

段階1	再反論する	反論の型を使って，相手の反論に対して再反論する。
段階2	整理・比較	賛成側の主張は＊＊＊だった。反対側の主張は＊＊＊だった。
段階3	優位性を示す	＊＊＊の点では賛成側（反対側）の主張の方が優っている。
段階4	結論	したがって，論題＊＊＊について賛成です。

●結論（Step 5）

　軌道修正が終わった後に，どのような意見が出たのか全体を振り返ります。この段階を結論（Step 5）と呼びます。**結論では必ずしも全員の考えを一致させる必要はありません。**それぞれの立場の人が多様な考えをもっている中で，全体としてどのように議論をまとめられるかを考えます。この際，メンバーがある結論に納得することを合意するといいます。したがって，**最後に合意が形成される部分もあれば，合意が形成されない部分もあってよいのです。**もし合意が形成されない場合は，次回の会議に持ち越したり，その部分をどうするのかみんなで決めます。

●まとめの考え方：順位づけと統合

　さまざまな考えを1つにまとめることは難しいものですが，「順位づけ」と「統合」によってまとめることができます。一つ目の「順位づけ」は優先順位を考えるとそれぞれの意見の重要性がみえてきます。その際，どのような判断基準で優先順位をつけるかが大事です。どのような基準で判断するかについてメンバー間で共通する考えが明らかになれば，その基準に従って優先順位を考えるとスムーズに進みます。判断基準の例として，「コスト」「将来性」「重要性」などが挙げられ，それらの基準はさまざまなテーマで使えます。

　二つ目の「統合」では，それぞれの意見が比較的近く，順位づけが難しい時にはすべてを1つに統合することでまとめることができる場合があります。1つの意見に統合する際に，それぞれの論点の共通点を見つけてみましょう。**共通点が見つかれば，それが議論を統合するための土台となります。**たとえば，「制服を廃止すべき」というテーマで，「好みの服を着たい」「無理やり制服を着せられるのは嫌だ」「＊＊学校の生徒とわかるから嫌だ」という意見があるとします。それぞれ個々の論点は異なりますが，3つの考えは「服は一つの自分自身の自己表現」という点で共通しています。このように，異なる考えも根底にある価値観を探ることにより共通点や相違点が明らかになります。

●どうしてもまとまらない時

　いろいろ考えてもまとまらないこともあるでしょう。その時は，「まとめられたこと」と「まとめられなかったこと」を分けて紙に書きだしてみましょう。そして，みんなで「なぜまとめられたのか」「なぜまとめられなかったのか」について議論してみましょう。まとまらないことも結論になりえます。このような分析をすることで，まとめにおける議論の傾向を掴み，問題点と改善点を分析することで，次の機会に活かすことができます。お互いが譲れない部分が明らかになるのも話し合いの成果です。時間が経てば考えが変化することもあるため，無理に決めず，次回に持ち越すのも有効です。

> **ポイント！**
> - 軌道修正では3つの段階がある
> - まとめには順位づけと統合が役に立つ
> - まとめる時に，みんなが合意した部分と合意していない部分を分ける

1-15 Step 6：振り返りをしよう

予習ワーク
☞ p.70

●ディスカッションのスキルを評価する

　ディスカッションは他者との関わりの中でおこなわれますが，その土台となるのは個人のディスカッションのスキルです。メンバー一人ひとりの平均的なスキルが高ければ，相乗効果でお互いに刺激を与えあって，よい話し合いとなるでしょう。一方で，メンバー全員が著しくスキルが低い場合は，グループで話し合っても新しいアイデアが生まれません。グループを選べない場合は，自分がグループみんなの足を引っ張っていて不安になることもあるかもしれませんし，逆に自分だけ上手に感じる時もあるかもしれません。

　どのような場合でもグループでの話し合いに参加しながら，長い目でみて自分自身のスキルを磨くという姿勢が大事です。ディスカッションの上手下手にかかわらず，グループに貢献できる方法や役割は必ずあります。まずは**自分がどれくらいできているか自己評価し，それが他の人からの評価と大きく違っていないか確かめましょう**。自分ではよくできた／できていないと思っていても，第三者からはまったく逆の評価をされる場合もあります。**自己評価に加えて他者評価とのギャップを知り，そのギャップを埋める学びのプロセスも重要です**。このような心構えは集団で仕事をする上で必要な社会性の一部です。

●グループ・ディスカッションの評価項目

　グループ・ディスカッションの評価項目にはさまざまなものがありますが，一般的な項目として「外見」「対人能力」「言語能力」の3つが挙げられます。外見とは，身だしなみ，表情，態度，熱意などです。対人能力とは，礼儀，協調性，リーダーシップ，傾聴，柔軟性，社会性などです。言語能力は，主張，問題分析，世間の動向，提案，知識などです。どのようなテーマでもムラなくスキルを発揮できるように練習する必要があります。**社会に出て仕事をし始めると毎日グループ・ディスカッションに似たことをするようになります**。仕事でなくとも地域や友人，家族と話し合いをして何かを決めなければいけないことも増えるでしょう。日頃からグループ・ディスカッションの経験を積むことがそのまま就職面接の準備につながり，一生を通じて役に立つコミュニケーション能力を訓練する機会になります。

表1-7　面接で評価される内容の例

外　見	対人能力	言語能力
・身だしなみ	・礼　儀	・主　張
・表　情	・協調性	・問題分析
・態　度	・リーダーシップ	・世間の動向
・熱　意	・傾　聴	・提　案
	・柔軟性	・知　識
	・社会性	

　グループ・ディスカッションで必要なスキルは「a. グループ・ディスカッションの進め方」「b. 人格的側面」「c. 議論の準備」「d. 伝え方」「e. 内容」「f. 発展」の6つにまとめられます。例として大学生に身につけてほしい36の項目を表1-8に示しました。この表を参考に現在の到達度を自分

で5段階評価してみましょう。「1 そう思わない」～「5 そう思う」です。すべての項目を高くする必要はありません。評価の低い項目を平均的にすることと，評価の高い項目をさらに高くすることの2つの努力が重要です。これによって個性が引き立ち，大きな問題点が目立ちにくくなります。個人のスキルが評価できたら，今度はグループに参加してディスカッションに貢献できているかを評価してみましょう。他のメンバーの評価を伝える時は，相手に敬意を表し，「(1) ねぎらう→(2) よかった点→(3) 改善点」の順番で話すようにしましょう。普段のコミュニケーションでもこれらの項目を基に目標を考えて，試行錯誤するとよいでしょう。身近な人に評価してもらうのも参考になります。

表 1-8 ディスカッションの評価項目と内容

		項目	内容			項目	内容
a グループ・ディスカッションの進め方	1.	時間の配慮	長すぎないように配慮して発言	c 議論の準備	1.	発表時	聴衆に語りかけるように話す
	2.	司会進行	自ら司会進行役を引き受ける		2.	相互理解	相手を尊重している
	3.	雰囲気	グループの雰囲気を盛り上げる		3.	視点	本質を捉えている
	4.	議事の確認	議論すべき内容を確認できる		4.	聴く態度	反論も考えている
	5.	意見交換	他の人に意見を求める	d 伝え方	1.	声の大きさ	心地よい大きさか
	6.	論点の見直し	論点を見なおす		2.	話すスピード	メモが取れるスピード
	7.	新情報の提示	新しい情報を提示できる		3.	声のトーン	はっきりしている
	8.	妥協案を提示	代替案を提示できる		4.	間の取り方	自然と間を取っている
	9.	合意形成協力	合意形成に協力できる		5.	アイコンタクト	自然にアイコンタクトできる
	10.	結論	自分なりに結論を出す	e 内容	1.	主張	総括を見越す
b 人格的側面	1.	外見	清潔な身だしなみ		2.	理由の説明	短くまとまっている
	2.	熱意	熱意を感じられる		3.	例やデータ	説得力があるデータか
	3.	表情	親しみやすい表情		4.	構成	型に忠実である
	4.	礼儀	相手を敬っている		5.	興味深さ	予想していない考えだった
	5.	協調性	他のメンバーのことを考える	f 発展	1.	情報収集	比較的新しいデータ
	6.	柔軟性	頑固にならない		2.	逆の立場	自身の意見を見直す
	7.	リーダーシップ	グループをまとめる		3.	振り返り	課題を見つける
	8.	知識	テーマに関する知識がある		4.	議論の分析	相手と議論をかみ合わせる

ポイント！
- グループ・ディスカッションで評価される項目はどのような状況でも共通する
- 自己評価と他者評価のギャップを知ることが重要
- 得意なところは伸ばして，苦手なところは平均的なレベルまで引き上げる

第2部

予習ワーク

p.10

予習ワーク1　基本A：グループ・ディスカッションのスキルと進め方

問1　なぜグループ・ディスカッションはコミュニケーション能力向上に役立つと思いますか。

問2　雑談と対話と議論を得意な順に並べて、それぞれ得意／不得意な理由と、どうすればより得意になるか考えてみましょう。

順　番	理　　由	得意にするためにできること
1番		
2番		
3番		

問3　p.10の表1-1のステップの中で自分が「できそうだ」「難しそう」と思うのはどこですか。またそれはなぜですか。

できそうなステップとその理由	難しそうなステップとその理由

問4 テキストを読んで、グループ・ディスカッションの流れをまとめましょう。

問5 ステップの中で一番大事だと思うのはどこですか。またそれはなぜですか。

問6 p.10 の表 1-1 のステップに沿って、5 人グループでの 45 分間のディスカッションの時間配分を考えてみましょう。

☞ p.12　予習ワーク2　基本B：他者から見た自己の理解

問1 話し合いの時の自分の癖を分析しましょう。改善すべき点は改善方法を考えてみましょう。

問2 初対面で自分はどんな人だと思われていると思いますか。それはなぜですか。

問3 自分を知ってもらうために，相手に何を伝えたらいいか考えましょう。

問4 最近誰かに良くみられるように行動した例を書きましょう。なぜそうしましたか？

問5 グループでの話し合いの時にどういう役割（行動）をすることが多いですか。

問6 クラスなど周りの人と比べて，あなたのよい所と改善点を分析してみましょう。

予習ワーク３　基本Ｃ：相手を受け入れよう

問1 身近な人で「話しやすいな」「話しにくいな」と思う人の聞き方の特徴を書き出してみましょう。

●話しやすい人

●話しにくい人

問2 テレビを見て、聞き方を観察してみましょう。上手な人、下手な人にはどのような特徴がありますか。

●上手な人

●下手な人

問3 アイコンタクトは得意ですか。どうすれば上手になると思いますか。

問4 普段の生活を思い出して,「うなずき」「あいづち」「復唱」にどんな効果があるか分析しましょう。

●うなずき
●あいづち
●復　唱

問5 聞く時に笑顔は大事だと思いますか？ 経験を踏まえてその理由も考えてみましょう。

問6 言葉だけではわからないことを聞くにはどうすればいいでしょうか。

☞ p.16　　予習ワーク４　Step 0-A：アイスブレイク

問１　初対面の人と話す時に困ったことはありますか。なぜ困りましたか。

問２　話し合いでグループにこんな人がいると助かるなと思う人の特徴をできるだけたくさん挙げてみましょう。

問３　「和やかな雰囲気の話し合い」と「悪い雰囲気の話し合い」の特徴を挙げましょう。

● 和やかな雰囲気の話し合い

● 悪い雰囲気の話し合い

問4 「説得力のある意見は集団の中の位置づけによって決まる」例を書きましょう。ない場合は周りの人に取材しましょう。

問5 テキストを読んでアイスブレイクの目的と利点をまとめましょう。

問6 アイスブレイクの方法として，みんなの緊張をほぐす技を考えてみましょう。

☞ p.18 **予習ワーク5　Step 0-B：スモールトーク**

問1 自己開示によって相手とコミュニケーションしやすくなる例を挙げてみましょう。

問2 自己開示はなぜコミュニケーションにおいて重要ですか。

問3 自己開示の4つの枠組みに分けて，初対面で自分が開示する内容を考えてみましょう。

①事　　実	③好　　み
②体　　験	④価 値 観

問4 あなたが一番興味のあることは何ですか。どのように伝えれば相手に伝わるでしょうか。

問5 共通点があると仲良くなる理由を考えてみましょう。

問6 相手が人見知りの人の場合、どうすれば楽しく話すことができるか考えてみましょう。

☞ p.20 　**予習ワーク６　Step 1-A：司会をしよう**

問1 テレビや身の周りの司会の上手な人の特徴を挙げましょう。

問2 あなたは司会は得意ですか。それはなぜですか。

問3 司会がいる時といない時のそれぞれのメリット・デメリットを考えましょう。

	メリット	デメリット
司会がいる場合		
司会がいない場合		

問4 テキストを読んで，「時間配分」で気をつけることを書きましょう。

問5 テキストを読んで，「メンバーへの配慮」で気をつけることを書きましょう。

問6 テキストを読んで，「雰囲気づくり」で気をつけることを書きましょう。

予習ワーク 7　Step 1-B：グランドルール

問1 グランドルールとは何ですか？　グランドルールはなぜディスカッションに役立つと思いますか。

問2 テレビや身の周りの話し合いを観察して，どのようなルールが共有されているか想像してみましょう（例：「相手を攻撃しない」「笑顔で話す」「プライベートなことは話さない」など）。

●話し合いの場面の例	
●共有されているルール：	
[効　果]	

問3 テキストを読んで，グランドルールを使った話し合いの進め方をまとめましょう。

問4 グランドルールを使う際にどのようなことに気をつける必要がありますか。

問5 グランドルールを3つ考えてみましょう。またそれぞれの効果を考えてみましょう。

グランドルール①：
[効　果]
グランドルール②：
[効　果]
グランドルール③：
[効　果]

問6 ルールを守らない人がいた場合，どのようにすれば守ってもらえるでしょうか。

☞ p.24 予習ワーク8　Step 2-A：テーマの分析

問1 テキストを読んで，話し合いの準備ですべきことをまとめましょう。

問2 話し合いの準備が重要な理由を考えてみましょう。

問3 政策・価値・事実の3つの論題の特徴をまとめて，論題を作ってみましょう。

①政策論題：	特徴
	例
②価値論題：	特徴
	例
③事実論題：	特徴
	例

問4 論題「インターンシップに参加すべき」でどのように話し合うかテーマの分析をしましょう。

論題の種類：

どう話し合うか：

問5 論題「就職先は地元から離れた方がいい」でどのように話し合うかテーマの分析をしましょう。

論題の種類：

どう話し合うか：

問6 論題「大学4年間は人生で最もいい時期である」でどのように話し合うかテーマの分析をしましょう。

論題の種類：

どう話し合うか：

☞ p.26 　予習ワーク9　Step 2-B：アイデアを広げて絞り込む

問1　テキストを読んで,「②論点の洗い出し」ですべきことをまとめましょう。

問2　テキストを読んで,「③論点の整理」ですべきことをまとめましょう。

問3　テキストを読んで,「④論点の絞り込み」ですべきことをまとめましょう。

問4 集団面接で「大学生は勉強すべき」がテーマでした。出題者の意図を分析し，自分だったらどのような議論をするか考えてみましょう。

問5 論題「小学生の携帯所持を禁止すべき」に含まれる論点をできるだけたくさん挙げましょう。

問6 問5で書いた内容をまとめてわかりやすく図で表しましょう。

☞ p.28　**予習ワーク10　Step 3-A：話し合いのステップ**

問1 テキストを読んで，話し合いの3つの段階ですべきことをまとめましょう。あなたはどの部分が得意／不得意ですか？

問2 テレビや身の周りを観察して，「新しい話題を振る」方法を書き出しましょう。

問3 テレビや身の周りを観察して，「相手にたくさん話してもらう」方法を書き出しましょう。

問4 テレビや身の周りを観察して,「次の話題にいく」方法を書き出しましょう。

問5 テレビや身の周りを観察して,「話を掘り下げる」方法を書き出しましょう。

問6 テレビや身の周りを観察して,「話を終わらせる」方法を書き出しましょう。

☞ p.30　**予習ワーク 11　Step 3-B：意見交換しよう**

問1　あなたは内容と伝え方どちらが得意・苦手ですか。それはなぜですか。どうすれば上手になると思いますか。

問2　テレビや身の周りの話が上手な人を観察して、その人の「内容」の特徴を書き出しましょう。

問3　テレビや身の周りの話が上手な人を観察して、その人の「伝え方」の特徴を書き出しましょう。

問4 テレビや身の周りの話が上手な人を観察して，説得力のある人は何が優れているか書き出しましょう。

問5 どうすれば議論の内容と議論している人を区別することができると思いますか。

問6 相手に嫌な気持ちにさせないように反論するにはどのような工夫が必要ですか。

☞ p.32　予習ワーク12　Step 3-C：質問しよう

問1 あなたは質問をする／質問に答えるのどちらが得意ですか。それはなぜですか。

問2 テレビや身の周りの話が上手な人を観察して，その人の質問の仕方の特徴を書き出しましょう。

問3 テレビや身の周りの話が上手な人を観察して，質問への答え方の特徴を書き出しましょう。

問4 テレビや身の周りの話が上手な人を観察して，質問者が回答を聞く時の特徴を書き出しましょう。

問5 相手に質問する時に気をつけることをまとめましょう。

問6 最近「友人とヒッチハイクをした」と言う友人に対して，できるだけたくさん質問を考えてみましょう。

予習ワーク13　Step 4-A：議論を構造化する

☞ p.34

問1 あなたは図にまとめるのは得意ですか？　最近，どんな時にどんな図を書いたか思い出して書いてみましょう。

問2 議論を図にまとめて構造化することはなぜ重要ですか。

問3 身の周りで使われている効果的な図を1つ取り上げて，どのような効果があるか分析してみましょう。

問4 5つの構図から1つ選び，実際にその図が使われている例を調べて書いてみましょう。

問5 フレームワークから1つ選んで，実際に使われている例を調べて書いてみましょう。

問6 **1-13** のテキストで学んだ内容を図で表してみましょう。

☞ p.36　**予習ワーク 14　Step 4-B・5：話し合いをまとめよう**

問1　テキストを読んで，意見交換のあと結論を出すまでのプロセスをまとめましょう。

問2　テキストを読んで，軌道修正で何をすべきかまとめましょう。

問3　テキストを読んで，総括の型のポイントをまとめましょう。

問4 テキストを読んで，結論で何をすべきかまとめましょう。

問5 テキストを読んで，順位づけと統合についてそれぞれまとめましょう。

問6 あなたが司会者の議論で結論がまとまらない時はどうすればいいか考えてみましょう。

☞ p.38　**予習ワーク 15　Step 6：振り返りをしよう**

問1 外見の中で気をつけたいポイントを書きましょう。

問2 対人能力の中で気をつけたいポイントを書きましょう。

問3 言語能力の中で気をつけたいポイントを書きましょう。

問4 表1-8の評価項目の中で話の上手な人はどれが上手だと思いますか。それはなぜですか。

問5 表1-8の評価項目の中で得意／不得意な項目をそれぞれ3つ挙げ，その理由を書きましょう。

	項　　目	理　　由
得　意	1：	
	2：	
	3：	
不得意	1：	
	2：	
	3：	

問6 ディスカッションで自己評価と他者評価を比較することがなぜ重要か書きましょう。

第 3 部

グループ・ディスカッション・シート

第1回 グループ・ディスカッション

年月日・場所	
メンバー	
テーマ	
今日の目標	

●以下の①〜⑦のディスカッションのステップに従って話した内容のメモを取りましょう。

① Step 0:顔合わせをしましょう。予習の内容について雑談しましょう。(自己紹介, 雑談)

② Step 1:話し合いを開始しましょう。(趣旨説明, 役割分担, 進行の流れ, 時間配分)

③ Step 2:テーマを共有しましょう。(テーマ設定背景, 前提の確認, 問題提起, 分析)

④ Step 3：意見交換しましょう。（論点の洗い出し，整理，共通点・相違点・絞り込み）

⑤ Step 4：軌道修正しましょう。（論点の見直し，新たな情報の追加，判断基準の検討）

⑥ Step 5：議論をまとめましょう。（議論のまとめ，妥協点の模索，合意形成，次回持越し）

⑦ Step 6：話し合いを終わらせましょう。（決定事項の確認，次回のテーマ・日程の確認）

第1部　テキスト

第2部　予習ワーク

第3部　グループ・ディスカッション・シート

第4部　ポートフォリオ

第2回　グループ・ディスカッション

年月日・場所	
メンバー	
テーマ	
今日の目標	

●以下の①〜⑦のディスカッションのステップに従って話した内容のメモを取りましょう。

① Step 0：顔合わせをしましょう。予習の内容について雑談しましょう。（自己紹介，雑談）

② Step 1：話し合いを開始しましょう。（趣旨説明，役割分担，進行の流れ，時間配分）

③ Step 2：テーマを共有しましょう。（テーマ設定背景，前提の確認，問題提起，分析）

④ Step 3：意見交換しましょう。（論点の洗い出し，整理，共通点・相違点・絞り込み）

⑤ Step 4：軌道修正しましょう。（論点の見直し，新たな情報の追加，判断基準の検討）

⑥ Step 5：議論をまとめましょう。（議論のまとめ，妥協点の模索，合意形成，次回持越し）

⑦ Step 6：話し合いを終わらせましょう。（決定事項の確認，次回のテーマ・日程の確認）

第3回 グループ・ディスカッション

年月日・場所	
メンバー	
テーマ	
今日の目標	

●以下の①〜⑦のディスカッションのステップに従って話した内容のメモを取りましょう。

① Step 0：顔合わせをしましょう。予習の内容について雑談しましょう。(自己紹介，雑談)

② Step 1：話し合いを開始しましょう。(趣旨説明，役割分担，進行の流れ，時間配分)

③ Step 2：テーマを共有しましょう。(テーマ設定背景，前提の確認，問題提起，分析)

④ Step 3：意見交換しましょう。（論点の洗い出し，整理，共通点・相違点・絞り込み）

⑤ Step 4：軌道修正しましょう。（論点の見直し，新たな情報の追加，判断基準の検討）

⑥ Step 5：議論をまとめましょう。（議論のまとめ，妥協点の模索，合意形成，次回持越し）

⑦ Step 6：話し合いを終わらせましょう。（決定事項の確認，次回のテーマ・日程の確認）

第4回　グループ・ディスカッション

年月日・場所	
メンバー	
テーマ	
今日の目標	

●以下の①〜⑦のディスカッションのステップに従って話した内容のメモを取りましょう。

① Step 0：顔合わせをしましょう。予習の内容について雑談しましょう。（自己紹介，雑談）

② Step 1：話し合いを開始しましょう。（趣旨説明，役割分担，進行の流れ，時間配分）

③ Step 2：テーマを共有しましょう。（テーマ設定背景，前提の確認，問題提起，分析）

④ Step 3：意見交換しましょう。（論点の洗い出し，整理，共通点・相違点・絞り込み）

⑤ Step 4：軌道修正しましょう。（論点の見直し，新たな情報の追加，判断基準の検討）

⑥ Step 5：議論をまとめましょう。（議論のまとめ，妥協点の模索，合意形成，次回持越し）

⑦ Step 6：話し合いを終わらせましょう。（決定事項の確認，次回のテーマ・日程の確認）

第5回　グループ・ディスカッション

年月日・場所	
メンバー	
テーマ	
今日の目標	

●以下の①〜⑦のディスカッションのステップに従って話した内容のメモを取りましょう。

① Step 0：顔合わせをしましょう。予習の内容について雑談しましょう。（自己紹介，雑談）

② Step 1：話し合いを開始しましょう。（趣旨説明，役割分担，進行の流れ，時間配分）

③ Step 2：テーマを共有しましょう。（テーマ設定背景，前提の確認，問題提起，分析）

④ Step 3：意見交換しましょう。（論点の洗い出し，整理，共通点・相違点・絞り込み）

⑤ Step 4：軌道修正しましょう。（論点の見直し，新たな情報の追加，判断基準の検討）

⑥ Step 5：議論をまとめましょう。（議論のまとめ，妥協点の模索，合意形成，次回持越し）

⑦ Step 6：話し合いを終わらせましょう。（決定事項の確認，次回のテーマ・日程の確認）

第6回　グループ・ディスカッション

年月日・場所	
メンバー	
テ　ー　マ	
今日の目標	

●以下の①～⑦のディスカッションのステップに従って話した内容のメモを取りましょう。

① Step 0：顔合わせをしましょう。予習の内容について雑談しましょう。（自己紹介，雑談）

② Step 1：話し合いを開始しましょう。（趣旨説明，役割分担，進行の流れ，時間配分）

③ Step 2：テーマを共有しましょう。（テーマ設定背景，前提の確認，問題提起，分析）

④ Step 3：意見交換しましょう。（論点の洗い出し，整理，共通点・相違点・絞り込み）

⑤ Step 4：軌道修正しましょう。（論点の見直し，新たな情報の追加，判断基準の検討）

⑥ Step 5：議論をまとめましょう。（議論のまとめ，妥協点の模索，合意形成，次回持越し）

⑦ Step 6：話し合いを終わらせましょう。（決定事項の確認，次回のテーマ・日程の確認）

第7回　グループ・ディスカッション

年月日・場所	
メンバー	
テ　ー　マ	
今日の目標	

●以下の①〜⑦のディスカッションのステップに従って話した内容のメモを取りましょう。

① Step 0：顔合わせをしましょう。予習の内容について雑談しましょう。（自己紹介，雑談）

② Step 1：話し合いを開始しましょう。（趣旨説明，役割分担，進行の流れ，時間配分）

③ Step 2：テーマを共有しましょう。（テーマ設定背景，前提の確認，問題提起，分析）

④ Step 3：意見交換しましょう。（論点の洗い出し，整理，共通点・相違点・絞り込み）

⑤ Step 4：軌道修正しましょう。（論点の見直し，新たな情報の追加，判断基準の検討）

⑥ Step 5：議論をまとめましょう。（議論のまとめ，妥協点の模索，合意形成，次回持越し）

⑦ Step 6：話し合いを終わらせましょう。（決定事項の確認，次回のテーマ・日程の確認）

第8回　グループ・ディスカッション

年月日・場所	
メンバー	
テーマ	
今日の目標	

●以下の①〜⑦のディスカッションのステップに従って話した内容のメモを取りましょう。

① Step 0：顔合わせをしましょう。予習の内容について雑談しましょう。（自己紹介，雑談）

② Step 1：話し合いを開始しましょう。（趣旨説明，役割分担，進行の流れ，時間配分）

③ Step 2：テーマを共有しましょう。（テーマ設定背景，前提の確認，問題提起，分析）

④ Step 3：意見交換しましょう。（論点の洗い出し，整理，共通点・相違点・絞り込み）

⑤ Step 4：軌道修正しましょう。（論点の見直し，新たな情報の追加，判断基準の検討）

⑥ Step 5：議論をまとめましょう。（議論のまとめ，妥協点の模索，合意形成，次回持越し）

⑦ Step 6：話し合いを終わらせましょう。（決定事項の確認，次回のテーマ・日程の確認）

第 9 回　グループ・ディスカッション

年月日・場所	
メンバー	
テ ー マ	
今日の目標	

●以下の①〜⑦のディスカッションのステップに従って話した内容のメモを取りましょう。

① Step 0：顔合わせをしましょう。予習の内容について雑談しましょう。（自己紹介，雑談）

② Step 1：話し合いを開始しましょう。（趣旨説明，役割分担，進行の流れ，時間配分）

③ Step 2：テーマを共有しましょう。（テーマ設定背景，前提の確認，問題提起，分析）

④ Step 3：意見交換しましょう。（論点の洗い出し，整理，共通点・相違点・絞り込み）

⑤ Step 4：軌道修正しましょう。（論点の見直し，新たな情報の追加，判断基準の検討）

⑥ Step 5：議論をまとめましょう。（議論のまとめ，妥協点の模索，合意形成，次回持越し）

⑦ Step 6：話し合いを終わらせましょう。（決定事項の確認，次回のテーマ・日程の確認）

第10回　グループ・ディスカッション

年月日・場所	
メンバー	
テ ー マ	
今日の目標	

●以下の①～⑦のディスカッションのステップに従って話した内容のメモを取りましょう。

① Step 0：顔合わせをしましょう。予習の内容について雑談しましょう。（自己紹介，雑談）

② Step 1：話し合いを開始しましょう。（趣旨説明，役割分担，進行の流れ，時間配分）

③ Step 2：テーマを共有しましょう。（テーマ設定背景，前提の確認，問題提起，分析）

④ Step 3：意見交換しましょう。（論点の洗い出し，整理，共通点・相違点・絞り込み）

⑤ Step 4：軌道修正しましょう。（論点の見直し，新たな情報の追加，判断基準の検討）

⑥ Step 5：議論をまとめましょう。（議論のまとめ，妥協点の模索，合意形成，次回持越し）

⑦ Step 6：話し合いを終わらせましょう。（決定事項の確認，次回のテーマ・日程の確認）

第11回　グループ・ディスカッション

年月日・場所	
メンバー	
テーマ	
今日の目標	

●以下の①〜⑦のディスカッションのステップに従って話した内容のメモを取りましょう。

① Step 0：顔合わせをしましょう。予習の内容について雑談しましょう。（自己紹介，雑談）

② Step 1：話し合いを開始しましょう。（趣旨説明，役割分担，進行の流れ，時間配分）

③ Step 2：テーマを共有しましょう。（テーマ設定背景，前提の確認，問題提起，分析）

④ Step 3：意見交換しましょう。（論点の洗い出し，整理，共通点・相違点・絞り込み）

⑤ Step 4：軌道修正しましょう。（論点の見直し，新たな情報の追加，判断基準の検討）

⑥ Step 5：議論をまとめましょう。（議論のまとめ，妥協点の模索，合意形成，次回持越し）

⑦ Step 6：話し合いを終わらせましょう。（決定事項の確認，次回のテーマ・日程の確認）

第12回　グループ・ディスカッション

年月日・場所	
メンバー	
テーマ	
今日の目標	

●以下の①〜⑦のディスカッションのステップに従って話した内容のメモを取りましょう。

① Step 0：顔合わせをしましょう。予習の内容について雑談しましょう。（自己紹介，雑談）

② Step 1：話し合いを開始しましょう。（趣旨説明，役割分担，進行の流れ，時間配分）

③ Step 2：テーマを共有しましょう。（テーマ設定背景，前提の確認，問題提起，分析）

④ Step 3：意見交換しましょう。（論点の洗い出し，整理，共通点・相違点・絞り込み）

⑤ Step 4：軌道修正しましょう。（論点の見直し，新たな情報の追加，判断基準の検討）

⑥ Step 5：議論をまとめましょう。（議論のまとめ，妥協点の模索，合意形成，次回持越し）

⑦ Step 6：話し合いを終わらせましょう。（決定事項の確認，次回のテーマ・日程の確認）

第13回　グループ・ディスカッション

年月日・場所	
メンバー	
テ　ー　マ	
今日の目標	

●以下の①〜⑦のディスカッションのステップに従って話した内容のメモを取りましょう。

① Step 0：顔合わせをしましょう。予習の内容について雑談しましょう。（自己紹介，雑談）

② Step 1：話し合いを開始しましょう。（趣旨説明，役割分担，進行の流れ，時間配分）

③ Step 2：テーマを共有しましょう。（テーマ設定背景，前提の確認，問題提起，分析）

④ Step 3：意見交換しましょう。（論点の洗い出し，整理，共通点・相違点・絞り込み）

⑤ Step 4：軌道修正しましょう。（論点の見直し，新たな情報の追加，判断基準の検討）

⑥ Step 5：議論をまとめましょう。（議論のまとめ，妥協点の模索，合意形成，次回持越し）

⑦ Step 6：話し合いを終わらせましょう。（決定事項の確認，次回のテーマ・日程の確認）

第14回　グループ・ディスカッション

年月日・場所	
メンバー	
テーマ	
今日の目標	

●以下の①～⑦のディスカッションのステップに従って話した内容のメモを取りましょう。

① Step 0：顔合わせをしましょう。予習の内容について雑談しましょう。（自己紹介，雑談）

② Step 1：話し合いを開始しましょう。（趣旨説明，役割分担，進行の流れ，時間配分）

③ Step 2：テーマを共有しましょう。（テーマ設定背景，前提の確認，問題提起，分析）

④ Step 3：意見交換しましょう。（論点の洗い出し，整理，共通点・相違点・絞り込み）

⑤ Step 4：軌道修正しましょう。（論点の見直し，新たな情報の追加，判断基準の検討）

⑥ Step 5：議論をまとめましょう。（議論のまとめ，妥協点の模索，合意形成，次回持越し）

⑦ Step 6：話し合いを終わらせましょう。（決定事項の確認，次回のテーマ・日程の確認）

第15回 グループ・ディスカッション

年月日・場所	
メンバー	
テーマ	
今日の目標	

●以下の①～⑦のディスカッションのステップに従って話した内容のメモを取りましょう。

① Step 0：顔合わせをしましょう。予習の内容について雑談しましょう。（自己紹介，雑談）

② Step 1：話し合いを開始しましょう。（趣旨説明，役割分担，進行の流れ，時間配分）

③ Step 2：テーマを共有しましょう。（テーマ設定背景，前提の確認，問題提起，分析）

④ Step 3：意見交換しましょう。（論点の洗い出し，整理，共通点・相違点・絞り込み）

⑤ Step 4：軌道修正しましょう。（論点の見直し，新たな情報の追加，判断基準の検討）

⑥ Step 5：議論をまとめましょう。（議論のまとめ，妥協点の模索，合意形成，次回持越し）

⑦ Step 6：話し合いを終わらせましょう。（決定事項の確認，次回のテーマ・日程の確認）

第1部　テキスト

第2部　予習ワーク

第3部　グループ・ディスカッション・シート

第4部　ポートフォリオ

第 4 部

ポートフォリオ

ポートフォリオ①：第１回　グループ・ディスカッション

1. テキストで学んだこと，気づいたことを書きましょう。

2. 今日の実践を５点満点「１（そう思わない）〜３（ふつう）〜５（そう思う）」で自己評価して，その理由を分析してみましょう。

●自分の伝えたいことを相手に伝えられましたか？　　　　　　　　　　　　【　　　点】

［理　　由］

●相手の考えを理解できましたか？　　　　　　　　　　　　　　　　　　　【　　　点】

［理　　由］

●グループに貢献しましたか？　　　　　　　　　　　　　　　　　　　　　【　　　点】

［理　　由］

3. 今日のディスカッションの感想を書きましょう。

●どのような話し合いでしたか？

●よかった点

●改善点

4. 身についた能力を自己評価しましょう。【0:変わらない, 1:少し身についた, 2:十分に身についた】

カテゴリー	内　　容	評　　価
ディスカッション	話 す 力	0 ── 1 ── 2
	聴 く 力	0 ── 1 ── 2
	話を膨らませる力	0 ── 1 ── 2
話題の知識	相手が関心のある話題を提供した	0 ── 1 ── 2
	知らない話題にも関心をもった	0 ── 1 ── 2
	新しい知識を得た	0 ── 1 ── 2
チームワーク	他者に配慮した	0 ── 1 ── 2
	他者から学んだ	0 ── 1 ── 2
	チームに貢献した	0 ── 1 ── 2

5. 次回までの目標と課題を書きましょう。

カテゴリー	目　　標	課　　題
ディスカッション		
話題の知識		
グループでおこなう力		

◎ Memo

ポートフォリオ②：第2回　グループ・ディスカッション

1. テキストで学んだこと，気づいたことを書きましょう。

2. 今日の実践を5点満点「1（そう思わない）～3（ふつう）～5（そう思う）」で自己評価して，その理由を分析してみましょう。

●自分の伝えたいことを相手に伝えられましたか？　　　　　　　　　　　　【　　　点】
［理　　由］

●相手の考えを理解できましたか？　　　　　　　　　　　　　　　　　　　【　　　点】
［理　　由］

●グループに貢献しましたか？　　　　　　　　　　　　　　　　　　　　　【　　　点】
［理　　由］

3. 今日のディスカッションの感想を書きましょう。

●どのような話し合いでしたか？

●よかった点

●改善点

4. 身についた能力を自己評価しましょう。【0:変わらない, 1:少し身についた, 2:十分に身についた】

カテゴリー	内容	評価
ディスカッション	話す力	0 ─ 1 ─ 2
	聴く力	0 ─ 1 ─ 2
	話を膨らませる力	0 ─ 1 ─ 2
話題の知識	相手が関心のある話題を提供した	0 ─ 1 ─ 2
	知らない話題にも関心をもった	0 ─ 1 ─ 2
	新しい知識を得た	0 ─ 1 ─ 2
チームワーク	他者に配慮した	0 ─ 1 ─ 2
	他者から学んだ	0 ─ 1 ─ 2
	チームに貢献した	0 ─ 1 ─ 2

5. 次回までの目標と課題を書きましょう。

カテゴリー	目標	課題
ディスカッション		
話題の知識		
グループでおこなう力		

◎ Memo

ポートフォリオ③:第3回　グループ・ディスカッション

1. テキストで学んだこと，気づいたことを書きましょう。

2. 今日の実践を5点満点「1（そう思わない）〜3（ふつう）〜5（そう思う）」で自己評価して，その理由を分析してみましょう。

● 自分の伝えたいことを相手に伝えられましたか？　　　　　　　　　　　【　　　点】
[理　由]

● 相手の考えを理解できましたか？　　　　　　　　　　　　　　　　　　【　　　点】
[理　由]

● グループに貢献しましたか？　　　　　　　　　　　　　　　　　　　　【　　　点】
[理　由]

3. 今日のディスカッションの感想を書きましょう。

● どのような話し合いでしたか？

● よかった点

● 改善点

4. 身についた能力を自己評価しましょう。【0:変わらない, 1:少し身についた, 2:十分に身についた】

カテゴリー	内　容	評　価
ディスカッション	話 す 力	0 ── 1 ── 2
	聴 く 力	0 ── 1 ── 2
	話を膨らませる力	0 ── 1 ── 2
話題の知識	相手が関心のある話題を提供した	0 ── 1 ── 2
	知らない話題にも関心をもった	0 ── 1 ── 2
	新しい知識を得た	0 ── 1 ── 2
チームワーク	他者に配慮した	0 ── 1 ── 2
	他者から学んだ	0 ── 1 ── 2
	チームに貢献した	0 ── 1 ── 2

5. 次回までの目標と課題を書きましょう。

カテゴリー	目　標	課　題
ディスカッション		
話題の知識		
グループで おこなう力		

◎ Memo

ポートフォリオ④：第4回　グループ・ディスカッション

1. テキストで学んだこと，気づいたことを書きましょう。

2. 今日の実践を5点満点「1（そう思わない）～3（ふつう）～5（そう思う）」で自己評価して，その理由を分析してみましょう。

● 自分の伝えたいことを相手に伝えられましたか？　　【　　　点】

[理　　由]

● 相手の考えを理解できましたか？　　【　　　点】

[理　　由]

● グループに貢献しましたか？　　【　　　点】

[理　　由]

3. 今日のディスカッションの感想を書きましょう。

● どのような話し合いでしたか？

● よかった点

● 改善点

4. 身についた能力を自己評価しましょう。【0:変わらない，1:少し身についた，2:十分に身についた】

カテゴリー	内　　容	評　　価
ディスカッション	話 す 力	0 ── 1 ── 2
	聴 く 力	0 ── 1 ── 2
	話を膨らませる力	0 ── 1 ── 2
話題の知識	相手が関心のある話題を提供した	0 ── 1 ── 2
	知らない話題にも関心をもった	0 ── 1 ── 2
	新しい知識を得た	0 ── 1 ── 2
チームワーク	他者に配慮した	0 ── 1 ── 2
	他者から学んだ	0 ── 1 ── 2
	チームに貢献した	0 ── 1 ── 2

5. 次回までの目標と課題を書きましょう。

カテゴリー	目　　標	課　　題
ディスカッション		
話題の知識		
グループで おこなう力		

◎ Memo

ポートフォリオ⑤：第5回　グループ・ディスカッション

1. テキストで学んだこと，気づいたことを書きましょう。

2. 今日の実践を5点満点「1（そう思わない）～3（ふつう）～5（そう思う）」で自己評価して，その理由を分析してみましょう。

●自分の伝えたいことを相手に伝えられましたか？　　　　【　　点】
[理　由]

●相手の考えを理解できましたか？　　　　【　　点】
[理　由]

●グループに貢献しましたか？　　　　【　　点】
[理　由]

3. 今日のディスカッションの感想を書きましょう。

●どのような話し合いでしたか？
●よかった点
●改善点

4. 身についた能力を自己評価しましょう。【0:変わらない，1:少し身についた，2:十分に身についた】

カテゴリー	内容	評価
ディスカッション	話す力	0 — 1 — 2
	聴く力	0 — 1 — 2
	話を膨らませる力	0 — 1 — 2
話題の知識	相手が関心のある話題を提供した	0 — 1 — 2
	知らない話題にも関心をもった	0 — 1 — 2
	新しい知識を得た	0 — 1 — 2
チームワーク	他者に配慮した	0 — 1 — 2
	他者から学んだ	0 — 1 — 2
	チームに貢献した	0 — 1 — 2

5. 次回までの目標と課題を書きましょう。

カテゴリー	目標	課題
ディスカッション		
話題の知識		
グループでおこなう力		

◎ Memo

ポートフォリオ⑥:第6回　グループ・ディスカッション

1. テキストで学んだこと,気づいたことを書きましょう。

2. 今日の実践を5点満点「1(そう思わない)〜3(ふつう)〜5(そう思う)」で自己評価して,その理由を分析してみましょう。

●自分の伝えたいことを相手に伝えられましたか?	【　　　点】
[理　由]	

●相手の考えを理解できましたか?	【　　　点】
[理　由]	

●グループに貢献しましたか?	【　　　点】
[理　由]	

3. 今日のディスカッションの感想を書きましょう。

●どのような話し合いでしたか?
●よかった点
●改 善 点

4. 身についた能力を自己評価しましょう。【0:変わらない, 1:少し身についた, 2:十分に身についた】

カテゴリー	内　　容	評　　価
ディスカッション	話 す 力	0 ── 1 ── 2
	聴 く 力	0 ── 1 ── 2
	話を膨らませる力	0 ── 1 ── 2
話題の知識	相手が関心のある話題を提供した	0 ── 1 ── 2
	知らない話題にも関心をもった	0 ── 1 ── 2
	新しい知識を得た	0 ── 1 ── 2
チームワーク	他者に配慮した	0 ── 1 ── 2
	他者から学んだ	0 ── 1 ── 2
	チームに貢献した	0 ── 1 ── 2

5. 次回までの目標と課題を書きましょう。

カテゴリー	目　　標	課　　題
ディスカッション		
話題の知識		
グループで おこなう力		

◎ Memo

ポートフォリオ⑦：第7回　グループ・ディスカッション

1. テキストで学んだこと，気づいたことを書きましょう。

2. 今日の実践を5点満点「1（そう思わない）～3（ふつう）～5（そう思う）」で自己評価して，その理由を分析してみましょう。

● 自分の伝えたいことを相手に伝えられましたか？　　　　　　　　　　　　　　　【　　　点】
[理　　由]

● 相手の考えを理解できましたか？　　　　　　　　　　　　　　　　　　　　　　【　　　点】
[理　　由]

● グループに貢献しましたか？　　　　　　　　　　　　　　　　　　　　　　　　【　　　点】
[理　　由]

3. 今日のディスカッションの感想を書きましょう。

● どのような話し合いでしたか？

● よかった点

● 改 善 点

4. 身についた能力を自己評価しましょう。【0:変わらない，1:少し身についた，2:十分に身についた】

カテゴリー	内　容	評　価
ディスカッション	話 す 力	0 —— 1 —— 2
	聴 く 力	0 —— 1 —— 2
	話を膨らませる力	0 —— 1 —— 2
話題の知識	相手が関心のある話題を提供した	0 —— 1 —— 2
	知らない話題にも関心をもった	0 —— 1 —— 2
	新しい知識を得た	0 —— 1 —— 2
チームワーク	他者に配慮した	0 —— 1 —— 2
	他者から学んだ	0 —— 1 —— 2
	チームに貢献した	0 —— 1 —— 2

5. 次回までの目標と課題を書きましょう。

カテゴリー	目　標	課　題
ディスカッション		
話題の知識		
グループでおこなう力		

◎ Memo

ポートフォリオ⑧：第8回　グループ・ディスカッション

1. テキストで学んだこと，気づいたことを書きましょう。

2. 今日の実践を5点満点「1（そう思わない）〜3（ふつう）〜5（そう思う）」で自己評価して，その理由を分析してみましょう。

●自分の伝えたいことを相手に伝えられましたか？	【　　　点】
［理　由］	
●相手の考えを理解できましたか？	【　　　点】
［理　由］	
●グループに貢献しましたか？	【　　　点】
［理　由］	

3. 今日のディスカッションの感想を書きましょう。

●どのような話し合いでしたか？

●よかった点

●改善点

4. 身についた能力を自己評価しましょう。【0:変わらない, 1:少し身についた, 2:十分に身についた】

カテゴリー	内　容	評　価
ディスカッション	話 す 力	0 ── 1 ── 2
	聴 く 力	0 ── 1 ── 2
	話を膨らませる力	0 ── 1 ── 2
話題の知識	相手が関心のある話題を提供した	0 ── 1 ── 2
	知らない話題にも関心をもった	0 ── 1 ── 2
	新しい知識を得た	0 ── 1 ── 2
チームワーク	他者に配慮した	0 ── 1 ── 2
	他者から学んだ	0 ── 1 ── 2
	チームに貢献した	0 ── 1 ── 2

5. 次回までの目標と課題を書きましょう。

カテゴリー	目　標	課　題
ディスカッション		
話題の知識		
グループで おこなう力		

◎ Memo

ポートフォリオ⑨：第9回　グループ・ディスカッション

1. テキストで学んだこと，気づいたことを書きましょう。

2. 今日の実践を5点満点「1（そう思わない）〜3（ふつう）〜5（そう思う）」で自己評価して，その理由を分析してみましょう。

● 自分の伝えたいことを相手に伝えられましたか？　　　　　　　　　　　　【　　　点】
[理　　由]

● 相手の考えを理解できましたか？　　　　　　　　　　　　　　　　　　　【　　　点】
[理　　由]

● グループに貢献しましたか？　　　　　　　　　　　　　　　　　　　　　【　　　点】
[理　　由]

3. 今日のディスカッションの感想を書きましょう。

● どのような話し合いでしたか？

● よかった点

● 改善点

4. 身についた能力を自己評価しましょう。【0:変わらない, 1:少し身についた, 2:十分に身についた】

カテゴリー	内容	評価
ディスカッション	話す力	0 — 1 — 2
	聴く力	0 — 1 — 2
	話を膨らませる力	0 — 1 — 2
話題の知識	相手が関心のある話題を提供した	0 — 1 — 2
	知らない話題にも関心をもった	0 — 1 — 2
	新しい知識を得た	0 — 1 — 2
チームワーク	他者に配慮した	0 — 1 — 2
	他者から学んだ	0 — 1 — 2
	チームに貢献した	0 — 1 — 2

5. 次回までの目標と課題を書きましょう。

カテゴリー	目標	課題
ディスカッション		
話題の知識		
グループでおこなう力		

◎ Memo

ポートフォリオ⑩:第10回　グループ・ディスカッション

1. テキストで学んだこと，気づいたことを書きましょう。

2. 今日の実践を5点満点「1（そう思わない）〜3（ふつう）〜5（そう思う）」で自己評価して，その理由を分析してみましょう。

●自分の伝えたいことを相手に伝えられましたか？ 【　　点】
[理　　由]

●相手の考えを理解できましたか？ 【　　点】
[理　　由]

●グループに貢献しましたか？ 【　　点】
[理　　由]

3. 今日のディスカッションの感想を書きましょう。

●どのような話し合いでしたか？
●よかった点
●改　善　点

4. 身についた能力を自己評価しましょう。【0:変わらない，1:少し身についた，2:十分に身についた】

カテゴリー	内　　容	評　　価
ディスカッション	話 す 力	0 ── 1 ── 2
	聴 く 力	0 ── 1 ── 2
	話を膨らませる力	0 ── 1 ── 2
話題の知識	相手が関心のある話題を提供した	0 ── 1 ── 2
	知らない話題にも関心をもった	0 ── 1 ── 2
	新しい知識を得た	0 ── 1 ── 2
チームワーク	他者に配慮した	0 ── 1 ── 2
	他者から学んだ	0 ── 1 ── 2
	チームに貢献した	0 ── 1 ── 2

5. 次回までの目標と課題を書きましょう。

カテゴリー	目　　標	課　　題
ディスカッション		
話題の知識		
グループで おこなう力		

◎ Memo

ポートフォリオ⑪:第11回　グループ・ディスカッション

1. テキストで学んだこと,気づいたことを書きましょう。

2. 今日の実践を5点満点「1(そう思わない)〜3(ふつう)〜5(そう思う)」で自己評価して,その理由を分析してみましょう。

●自分の伝えたいことを相手に伝えられましたか?　　　　　　　　　　【　　　点】
[理　　由]

●相手の考えを理解できましたか?　　　　　　　　　　　　　　　　　【　　　点】
[理　　由]

●グループに貢献しましたか?　　　　　　　　　　　　　　　　　　　【　　　点】
[理　　由]

3. 今日のディスカッションの感想を書きましょう。

●どのような話し合いでしたか?

●よかった点

●改　善　点

4. 身についた能力を自己評価しましょう。【0:変わらない,1:少し身についた,2:十分に身についた】

カテゴリー	内容	評価
ディスカッション	話す力	0 — 1 — 2
	聴く力	0 — 1 — 2
	話を膨らませる力	0 — 1 — 2
話題の知識	相手が関心のある話題を提供した	0 — 1 — 2
	知らない話題にも関心をもった	0 — 1 — 2
	新しい知識を得た	0 — 1 — 2
チームワーク	他者に配慮した	0 — 1 — 2
	他者から学んだ	0 — 1 — 2
	チームに貢献した	0 — 1 — 2

5. 次回までの目標と課題を書きましょう。

カテゴリー	目標	課題
ディスカッション		
話題の知識		
グループでおこなう力		

◎ Memo

ポートフォリオ⑫：第12回　グループ・ディスカッション

1. テキストで学んだこと，気づいたことを書きましょう。

2. 今日の実践を5点満点「1（そう思わない）〜3（ふつう）〜5（そう思う）」で自己評価して，その理由を分析してみましょう。

● 自分の伝えたいことを相手に伝えられましたか？　　　　　　　　　　　【　　　点】

[理　　由]

● 相手の考えを理解できましたか？　　　　　　　　　　　　　　　　　　【　　　点】

[理　　由]

● グループに貢献しましたか？　　　　　　　　　　　　　　　　　　　　【　　　点】

[理　　由]

3. 今日のディスカッションの感想を書きましょう。

● どのような話し合いでしたか？

● よかった点

● 改善点

4. 身についた能力を自己評価しましょう。【0:変わらない, 1:少し身についた, 2:十分に身についた】

カテゴリー	内容	評価
ディスカッション	話す力	0 ── 1 ── 2
	聴く力	0 ── 1 ── 2
	話を膨らませる力	0 ── 1 ── 2
話題の知識	相手が関心のある話題を提供した	0 ── 1 ── 2
	知らない話題にも関心をもった	0 ── 1 ── 2
	新しい知識を得た	0 ── 1 ── 2
チームワーク	他者に配慮した	0 ── 1 ── 2
	他者から学んだ	0 ── 1 ── 2
	チームに貢献した	0 ── 1 ── 2

5. 次回までの目標と課題を書きましょう。

カテゴリー	目標	課題
ディスカッション		
話題の知識		
グループで おこなう力		

◎ Memo

> ポートフォリオ⑬：第13回　グループ・ディスカッション

1. テキストで学んだこと，気づいたことを書きましょう。

2. 今日の実践を5点満点「1（そう思わない）〜3（ふつう）〜5（そう思う）」で自己評価して，その理由を分析してみましょう。

●自分の伝えたいことを相手に伝えられましたか？　　　　　　　　　　　　　　　【　　　点】
［理　　由］

●相手の考えを理解できましたか？　　　　　　　　　　　　　　　　　　　　　　【　　　点】
［理　　由］

●グループに貢献しましたか？　　　　　　　　　　　　　　　　　　　　　　　　【　　　点】
［理　　由］

3. 今日のディスカッションの感想を書きましょう。

●どのような話し合いでしたか？
●よかった点
●改善点

4. 身についた能力を自己評価しましょう。【0:変わらない, 1:少し身についた, 2:十分に身についた】

カテゴリー	内　容	評　価
ディスカッション	話す力	0 ― 1 ― 2
	聴く力	0 ― 1 ― 2
	話を膨らませる力	0 ― 1 ― 2
話題の知識	相手が関心のある話題を提供した	0 ― 1 ― 2
	知らない話題にも関心をもった	0 ― 1 ― 2
	新しい知識を得た	0 ― 1 ― 2
チームワーク	他者に配慮した	0 ― 1 ― 2
	他者から学んだ	0 ― 1 ― 2
	チームに貢献した	0 ― 1 ― 2

5. 次回までの目標と課題を書きましょう。

カテゴリー	目　標	課　題
ディスカッション		
話題の知識		
グループで おこなう力		

◎ Memo

ポートフォリオ⑭:第14回 グループ・ディスカッション

1. テキストで学んだこと,気づいたことを書きましょう。

2. 今日の実践を5点満点「1(そう思わない)〜3(ふつう)〜5(そう思う)」で自己評価して,その理由を分析してみましょう。

●自分の伝えたいことを相手に伝えられましたか? 【　　点】
[理　由]

●相手の考えを理解できましたか? 【　　点】
[理　由]

●グループに貢献しましたか? 【　　点】
[理　由]

3. 今日のディスカッションの感想を書きましょう。

●どのような話し合いでしたか?

●よかった点

●改善点

4. 身についた能力を自己評価しましょう。【0:変わらない，1:少し身についた，2:十分に身についた】

カテゴリー	内　　容	評　　価
ディスカッション	話 す 力	0 ── 1 ── 2
	聴 く 力	0 ── 1 ── 2
	話を膨らませる力	0 ── 1 ── 2
話題の知識	相手が関心のある話題を提供した	0 ── 1 ── 2
	知らない話題にも関心をもった	0 ── 1 ── 2
	新しい知識を得た	0 ── 1 ── 2
チームワーク	他者に配慮した	0 ── 1 ── 2
	他者から学んだ	0 ── 1 ── 2
	チームに貢献した	0 ── 1 ── 2

5. 次回までの目標と課題を書きましょう。

カテゴリー	目　　標	課　　題
ディスカッション		
話題の知識		
グループで おこなう力		

◎ Memo

ポートフォリオ⑮：第15回　グループ・ディスカッション

1. テキストで学んだこと，気づいたことを書きましょう。

2. 今日の実践を5点満点「1（そう思わない）～3（ふつう）～5（そう思う）」で自己評価して，その理由を分析してみましょう。

●自分の伝えたいことを相手に伝えられましたか？	【　　　点】
[理　由]	

●相手の考えを理解できましたか？	【　　　点】
[理　由]	

●グループに貢献しましたか？	【　　　点】
[理　由]	

3. 今日のディスカッションの感想を書きましょう。

●どのような話し合いでしたか？

●よかった点

●改善点

4. 身についた能力を自己評価しましょう。【0:変わらない, 1:少し身についた, 2:十分に身についた】

カテゴリー	内　　容	評　　価
ディスカッション	話 す 力	0 — 1 — 2
	聴 く 力	0 — 1 — 2
	話を膨らませる力	0 — 1 — 2
話題の知識	相手が関心のある話題を提供した	0 — 1 — 2
	知らない話題にも関心をもった	0 — 1 — 2
	新しい知識を得た	0 — 1 — 2
チームワーク	他者に配慮した	0 — 1 — 2
	他者から学んだ	0 — 1 — 2
	チームに貢献した	0 — 1 — 2

5. 次回までの目標と課題を書きましょう。

カテゴリー	目　　標	課　　題
ディスカッション		
話題の知識		
グループでおこなう力		

◎ Memo

参考文献

青木将幸　2013　リラックスと集中を一瞬でつくる　アイスブレイク ベスト50　ほんの森出版
池上　彰　2007　伝える力―「話す」「書く」「聞く」能力が仕事を変える！　PHP研究所
今村光章　2009　アイスブレイク入門―こころをほぐす出会いのレッスン　解放出版社
ガーゲン, K. J.・ヒエストゥッド, L.／伊藤　守［監訳］二宮美樹［訳］　2015　ダイアローグ・マネジメント―対話が生み出す強い組織　ディスカヴァー・トゥエンティワン
加藤　彰　2014　「60分」図解トレーニング ロジカル・ファシリテーション　PHP研究所
香取一昭・大川　恒　2017　ワールド・カフェをやろう―会話がつながり、世界がつながる　日本経済新聞出版社
カヘン, A.／ヒューマンバリュー［訳］　2008　手ごわい問題は，対話で解決する―アパルトヘイトを解決に導いたファシリテーターの物語　ヒューマンバリュー
川喜田二郎　1967　発想法―創造性開発のために　中央公論社
釘山健一　2008　「会議ファシリテーション」の基本がイチから身につく本　すばる舎
栗原典裕　2010　「気まずい沈黙なし」でどんな人とも120分話が続く会話術　明日香出版社
谷　益美　2014　リーダーのための！ ファシリテーションスキル　すばる舎
ちょん せいこ・西村善美・松井一恵　2014　ファシリテーターになろう！―6つの技術と10のアクティビティ　解放出版社
永井　均・内田かずひろ　2009　子どものための哲学対話　講談社
中野民夫・堀　公俊　2009　対話する力―ファシリテーター23の問い　日本経済新聞出版社
中野美香　2010　大学1年生からのコミュニケーション入門　ナカニシヤ出版
中野美香　2012　大学生からのプレゼンテーション入門　ナカニシヤ出版
中野美香　2014　ディスカッション―学問する主体として社会を担う　田島充士・富田英司［編著］大学教育―越境の説明をはぐくむ心理学　ナカニシヤ出版　pp.111-126
中原　淳・長岡　健　2009　ダイアローグ―対話する組織　ダイヤモンド社
西口利文　2015　グループディスカッションのためのコミュニケーション演習―賛否両論図を用いたアクティブラーニング　ナカニシヤ出版
平田オリザ　2015　対話のレッスン―日本人のためのコミュニケーション術　講談社
ブラウン, A.・アイザックス, D.・ワールド・カフェ・コミュニティ／香取一昭・川口大輔［訳］　2007　ワールド・カフェ―カフェ的会話が未来を創る　ヒューマンバリュー
ボーム , D.／金井真弓［訳］　2007　ダイアローグ―対立から共生へ，議論から対話へ　英治出版
堀　公俊　2004　ファシリテーション入門　日本経済新聞社
堀　公俊　2006　今すぐできる！ファシリテーション―効果的なミーティングとプロジェクトを目指して　PHP研究所
堀　公俊　2008　ワークショップ入門　日本経済新聞出版社
堀　公俊・加藤　彰　2006　ファシリテーション・グラフィック―議論を「見える化」する技法　日本経済新聞社
堀　公俊・加藤　彰　2009　ロジカル・ディスカッション―チーム思考の整理術　日本経済新聞出版社
堀　公俊・加藤　彰　2011　ディシジョン・メイキング―賢慮と納得の意思決定術　日本経済新聞出版社
森　時彦　2007　ファシリテーター養成講座―人と組織を動かす力が身につく！　ダイヤモンド社
森　時彦・ファシリテーターの道具研究会　2008　ファシリテーターの道具箱―組織の問題解決に使えるパワーツール49　ダイヤモンド社
Barnlund, D. C., & Haiman, F. S. (1960). *The dynamics of discussion*. Boston, MA: Houghton Mifflin.

著者紹介
中野美香（なかの みか）
九州大学大学院比較社会文化学府国際社会文化専攻博士後期課程修了。博士（比較社会文化学）。現在，現在，福岡工業大学教養力育成センター教授。

主著
『大学1年生からのコミュニケーション入門』ナカニシヤ出版, 2010。『議論能力の熟達化プロセスに基づいた指導法の提案』ナカニシヤ出版, 2011。『大学生からのプレゼンテーション入門』ナカニシヤ出版, 2012。「ディスカッション―学問する主体として学び合う社会を担う」富田英司・田島充士［編著］『大学教育―越境の説明をはぐくむ心理学』ナカニシヤ出版, pp.111-126, 2014。Effects of Parallel-repeated Design of Argumentation and Management on Higher Education. *Advanced Management Science*, **3**(2), 48-54, 2014。

共著
中野美香・河内山翔平「大学初年次教育における新聞を用いた文章作成の指導法の提案―「新聞コミュニケーション大賞」受賞意見文の分析を通して」『日本 NIE 学会誌』**12**, 29-36, 2017。
中野美香・麻生祐司「学生－教師間のコミュニケーションのツールとしての議論教育用ルーブリックの開発と活用」『日本コミュニケーション研究』**46**(1), 43-59, 2017。

日本コミュニケーション学会 35 周年記念論文奨励賞受賞（2006）。日本認知科学会奨励論文賞受賞（2008）。日本工学教育協会研究講演会発表賞受賞（2009）。九州工学教育協会賞受賞（2010）。福岡工業大学工学部ベストティーチャー賞（2011 ～ 2014）。

ウェブサイト
コミュニケーション教育のための教授学習支援プログラム
http://www.commedu.net/
上記サイトにて本書教授資料をダウンロードできます。

大学生からのグループ・ディスカッション入門

2018 年 3 月 31 日	初版第 1 刷発行	（定価はカバーに表示してあります。）
2025 年 3 月 31 日	初版第 5 刷発行	

著　者　中野美香
発行者　中西　良
発行所　株式会社ナカニシヤ出版
〒606-8161　京都市左京区一乗寺木ノ本町 15 番地
　　　　　　Telephone　075-723-0111
　　　　　　Facsimile　075-723-0095
　　Website　http://www.nakanishiya.co.jp/
　　Email　　iihon-ippai@nakanishiya.co.jp
　　　　　　郵便振替　01030-0-13128

印刷・製本＝ファインワークス／装幀＝白沢　正
Copyright © 2018 by M. Nakano
Printed in Japan.
ISBN978-4-7795-1242-1

本書のコピー，スキャン，デジタル化等の無断複製は著作権法上の例外を除き禁じられています。本書を代行業者等の第三者に依頼してスキャンやデジタル化することはたとえ個人や家庭内の利用であっても著作権法上認められていません。